DE LA

PERSONNALITÉ CIVILE

DES SOCIÉTÉS & DES ASSOCIATIONS

THÈSE POUR LE DOCTORAT

L'ACTE PUBLIC SUR LES MATIÈRES CI-DESSUS

sera soutenu le 21 Juin 1895

PAR

Edmond TOURNON

Avocat
Lauréat des Concours de la Faculté de Bordeaux
(2ᵉ prix Droit Romain 1890-91. — 1ʳᵉ mention Droit civil 1891-92)

PARIS
A. PEDONE, ÉDITEUR
LIBRAIRE DE LA COUR D'APPEL ET DE L'ORDRE DES AVOCATS
13, Rue Soufflot, 13

1895

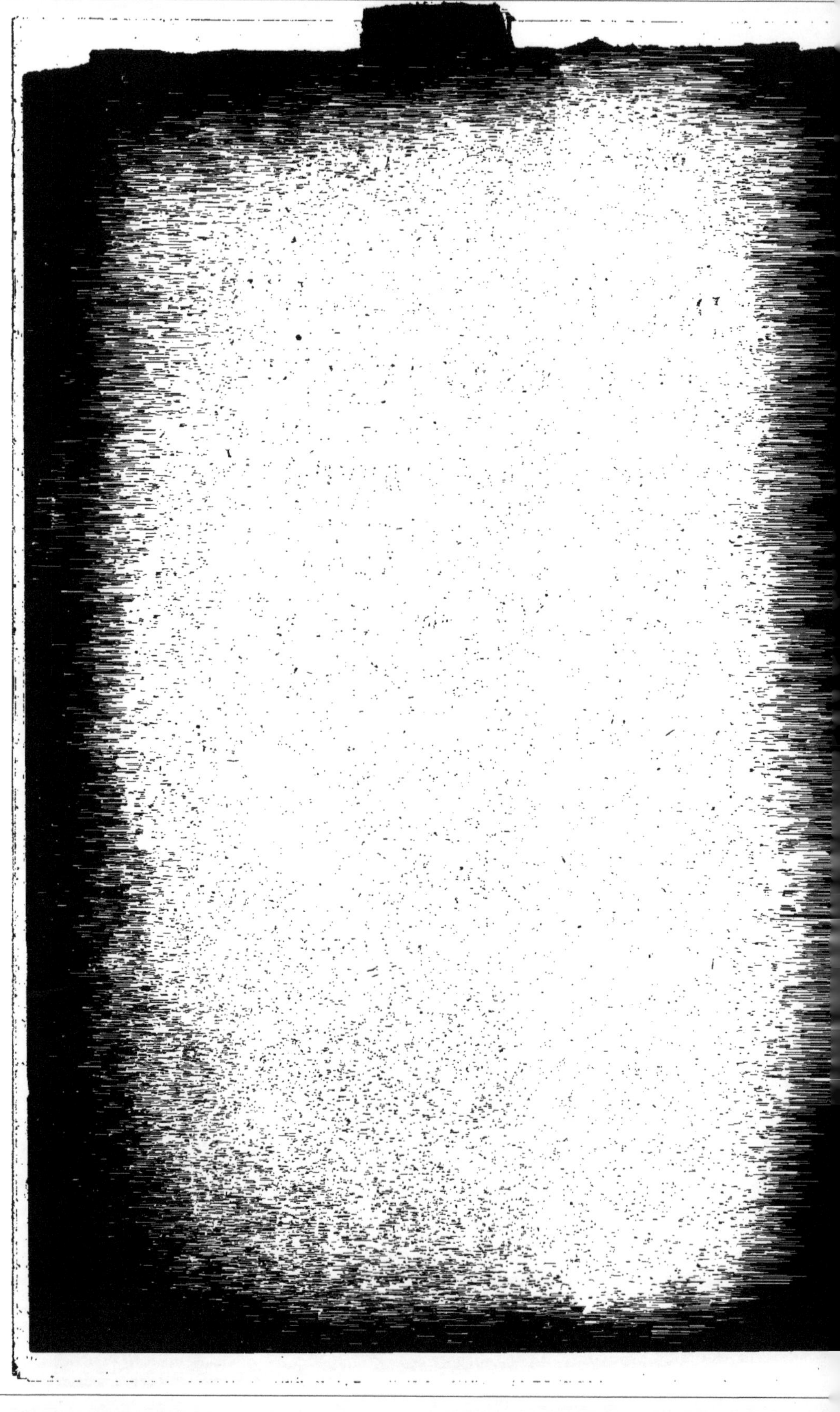

DE LA

PERSONNALITÉ CIVILE

DES SOCIÉTÉS & DES ASSOCIATIONS

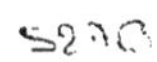

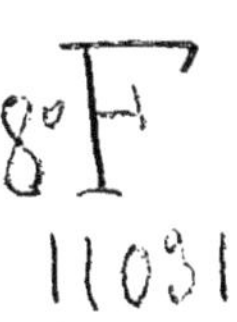

DE LA

PERSONNALITÉ CIVILE

DES SOCIÉTÉS & DES ASSOCIATIONS

THÈSE POUR LE DOCTORAT

L'ACTE PUBLIC SUR LES MATIÈRES CI-DESSUS

sera soutenu le 21 Juin 1895

PAR

Edmond TOURNON

Avocat
Lauréat des Concours de la Faculté de Bordeaux
(2e prix Droit Romain 1890-91. — 1re mention Droit civil 1891-92)

PARIS

A. PEDONE, ÉDITEUR

LIBRAIRE DE LA COUR D'APPEL ET DE L'ORDRE DES AVOCATS
13, Rue Soufflot, 13

1895

FACULTÉ DE DROIT DE BORDEAUX

MM. **Baudry-Lacantinerie**, ✳, I.◊, doyen, professeur de Droit civil.

Ribéreau, I.◊, professeur de Droit commercial.

Saignat, I.◊, officier de l'Instruction publique, assesseur du Doyen, professeur de Droit civil.

Barckhausen, ✳, I.◊, professeur de Droit administratif.

De Loynes, I.◊, professeur de Droit civil.

Vigneaux, I.◊, professeur d'Histoire du Droit.

Le Coq, ✳, I.◊, professeur de Procédure civile.

Levillain, I.◊, professeur de Droit maritime.

Marandout, I.◊, professeur de Droit criminel.

Despagnet, I. ◊, professeur de Droit international public, chargé du cours de Droit international privé.

Monnier, I.◊, professeur de Droit romain.

Saint-Marc, I.◊, professeur d'Économie politique, chargé du cours de Législation industrielle.

Duguit, ◊, professeur de Droit constitutionnel et administratif.

De Bœck, ◊, professeur de Droit romain.

Didier, ◊, professeur-adjoint, chargé des cours de Législation financière et Législation coloniale.

MM. **Siguier**, secrétaire.

Platon, ◊, ancien élève de l'École des Hautes-Etudes, sous-bibliothécaire.

Chéneaux, Docteur en droit, Secrétaire-adjoint.

COMMISSION DE LA THÈSE

MM. **Saignat**, professeur, *président*.

De Loynes, professeur. ⎫
Didier, professeur adjoint. ⎬ *suffragants*.

PREMIÈRE PARTIE

De l'association et des diverses espèces d'associations

Il y a un peu plus d'un siècle, Rousseau soutenait que l'homme primitif a pu vivre absolument isolé et par conséquent absolument libre.

La réfutation de la théorie de Rousseau est aujourd'hui devenue banale, et tout le monde reconnaît la nécessité de l'association, et de la division du travail qui en est la suite. Si nos ancêtres ne s'étaient réunis, jamais ils n'auraient pu ébaucher leurs premiers travaux qui sont l'origine de notre civilisation ; jamais ils n'auraient élevé les habitations même les plus grossières, pour se mettre à l'abri du froid et des bêtes féroces : jamais ils n'auraient triomphé des forces terribles et aveugles de la nature coalisées contre l'humanité naissante.

A mesure que la civilisation a fait des progrès, les

besoins sont devenus de plus en plus nombreux, de plus en plus impérieux : le moyen de les satisfaire, l'homme l'a trouvé dans l'association et dans la division du travail.

Aujourd'hui tous les hommes civilisés forment une seule société. Chacun de nous se renferme dans une profession spéciale et il fournit au corps social le produit de ses efforts, tandis que ses concitoyens lui fournissent en échange les objets qui lui sont nécessaires.

Mais dans cette grande société, l'homme isolé serait encore impuissant à accomplir les grands travaux qui font l'objet de notre admiration. Il ne suffit pas que chacun peine de son côté, avec ses seules ressources, pour offrir au corps social le produit de son travail : plusieurs individus mettront en commun leur intelligence, leur activité, leurs capitaux et ils feront ensemble ce que chacun d'eux pris séparément eût été incapable d'accomplir.

Autant de besoins, autant d'espèces d'associations pour les satisfaire. Au besoin de faire le bien, correspondent nos réunions de charité et nos bureaux de bienfaisance ; au besoin de savoir, nos associations littéraires et scientifiques ; au besoin de distractions, nos cercles et clubs de toutes sortes ; enfin au besoin de réaliser des bénéfices, nos sociétés commerciales et nos sociétés civiles.

Le nom de société est, en effet, réservé à ces réunions

d'hommes qui ont pour but la production et le partage de bénéfices pécuniaires. L'art. 1832 du Code civil définit la société « un contrat par lequel deux ou plusieurs personnes conviennent de mettre quelque chose en commun dans la vue de partager le bénéfice qui en pourra résulter ». Là-dessus, tout le monde est d'accord. Ce qui distingue les sociétés proprement dites des autres associations, c'est que les associés se sont réunis *lucri in commune faciendi gratia,* selon l'expression de Vinnius.

La difficulté naît quand il s'agit de déterminer en quoi consistent les bénéfices dont parle la loi. Suffit-il qu'il y a un avantage appréciable en argent pour que l'association devienne société ? M. Troplong (1) se prononce pour l'affirmative. Il considère comme une société le contrat formé par plusieurs habitants d'une ville qui achètent un parc pour s'y promener. De ce parc, les acquéreurs ne tireront jamais un revenu pécuniaire quelconque ; mais il y a un avantage appréciable en argent « car le droit de se promener dans un lieu agréable se paie parfois fort cher ». Et cela suffit : il y a société.

Malgré l'autorité qui s'attache à son nom, M. Troplong est resté à peu près seul de son avis. M. Pont (2),

---

1. *Des sociétés,* n° 13.
2. *Des sociétés,* n° 69.

MM. Aubry et Rau (1) n'ont pas de peine à réfuter l'argument que Troplong tire, à l'appui de sa solution, de la loi d'Ulpien, 52, § 13. D. *Pro Socio*. Tout ce que prouve le texte du jurisconsulte romain, c'est que l'action *Pro Socio* se donnait toutes les fois que plusieurs personnes mettaient quelque chose en commun pour en retirer une utilité réciproque quelconque. Mais on ne doit recourir à un argument historique que si le texte de notre loi est trop obscur pour pouvoir s'interpréter sans ce secours étranger ; et ici, c'est certainement faire violence à la langue, comme disent MM. Aubry et Rau, que d'appeler bénéfices les avantages cités par M. Troplong.

La conclusion à laquelle nous arrivons c'est qu'il n'y a véritablement société que dans les cas où les associés ont pour but de réaliser un profit pécuniaire, un gain matériel, en un mot de s'enrichir.

1. Aubry et Rau, IV, p. 544, n, 7.

CHAPITRE I

DES SOCIÉTÉS

Les sociétés ainsi distinguées des autres associations se divisent elles-mêmes en sociétés civiles et sociétés de commerce.

La question de savoir si une société est commerciale ou civile présente un intérêt capital à de nombreux points de vue : Une société peut-elle être déclarée en faillite ? Quel est le tribunal compétent pour résoudre les difficultés entre associés ? Combien de temps durent les actions des créanciers sociaux après la dissolution de la société ? Pour résoudre chacune de ces questions, il est nécessaire de savoir si l'on se trouve en présence d'une société civile ou d'une société de commerce. Pour nous, la question présente un intérêt particulier ; et quand nous nous demanderons quelles sociétés sont des personnes morales, la distinction entre les sociétés commerciales et les sociétés civiles sera à la base de toute notre argumentation.

Pour résoudre cette question si importante, la loi,

jusqu'en 1893, ne nous fournissait aucun *criterium* certain.

D'après les uns, il aurait fallu tenir compte uniquement de la forme de la société. L'opinion de ces auteurs était fondée sur ce que le Code de commerce, dans son livre III, divise les sociétés commerciales d'après leur forme, en sociétés en nom collectif, sociétés anonymes, sociétés en commandite (1) et sociétés en participation (2). Cette classification opérée par le Code de commerce aurait été spéciale aux matières commerciales et les sociétés n'auraient pu revêtir l'une de ces formes sans devenir elles-mêmes commerciales.

D'après cette théorie, il aurait été véritablement trop facile aux parties de donner à une société le caractère commercial ou le caractère civil et d'éluder ainsi des règles d'ordre public. Aussi, cette solution était-elle repoussée par la jurisprudence et la presque unanimité des auteurs.

On faisait, en général, une analyse plus profonde, on ne s'occupait plus du côté extérieur, de la forme de la société, et, appliquant le système qu'indique la loi pour distinguer un commerçant d'un non commerçant, on considérait uniquement la nature des actes que la société se proposait d'accomplir ; s'agissait-il d'une société constituée pour faire des actes de commerce,

1. C. Co., art. 19.
2. C. Co., ar., 47.

elle était commerciale ; s'agissait-il, au contraire, d'une société constituée dans un autre but que l'accomplissement d'actes de commerce, elle était purement civile.

C'est la théorie qui avait été appliquée par la loi belge du 18 mai 1873.

Tel était l'état de la doctrine, lorsque la loi du 1ᵉʳ août 1893 est venue ajouter un art. 68 à la loi de 1867 sur les sociétés par actions. Et cet article est ainsi conçu : « Quel que soit leur objet, les sociétés en commandite ou anonymes qui seront constituées dans la forme du Code de commerce ou de la présente loi seront commerciales et soumises aux lois et usage du commerce. »

M. Thellier de Poncheville, de qui émanait le projet, n'imposait pas le caractère commercial aux sociétés dont s'occupe le nouvel art. 68. Une société ayant un objet civil conservait son caractère civil, quelle que fût sa forme. C'est le rapporteur de la Chambre, M. Clausel de Coussergues, qui a fait passer le texte définitif, lequel a été adopté au Sénat, malgré la résistance de MM. Bardoux, Le Royer, Trarieux, Millaud, Godin, Lenoël et Denormandie.

Le nouvel art. 68 ne s'applique certainement pas aux sociétés civiles qui ont pris la forme en nom collectif ou en participation ; et, malgré sa rédaction fort large, il est inapplicable même aux sociétés en commandite par intérêts. En effet, la loi nouvelle ne fait que modifier la loi de 1867 sur les sociétés *par actions*. Comme celle-ci, elle ne s'occupe que des sociétés anonymes et en commandite par actions. Le texte de la proposition de M. Thellier de Poncheville était ainsi conçu : « Les sociétés civiles peuvent se constituer sous la forme de sociétés en commandite par actions ou de sociétés anonymes... » Ce texte a été modifié ; mais dans les travaux préparatoires, rien ne fait supposer que l'on ait supprimé intentionnellement les mots « par actions » et que l'on ait voulu étendre la disposition du nouvel art. 68 même aux sociétés en commandite par intérêts.

De la sorte, si aujourd'hui il ne peut plus y avoir de sociétés civiles à forme anonyme ou en commandite par action, il peut encore y avoir des sociétés civiles à formes commerciales, ce sont les sociétés en nom collectif, en commandite par intérêts, et en participation.

L'adoption de l'une des formes commerciales présente un grand intérêt au point de vue des engagements contractés par la société envers les tiers.

Le Code de commerce qualifie de société en nom collectif une société dans laquelle tous les associés sont tenus personnellement et solidairement des engagements sociaux.

La société anonyme est celle dans laquelle chaque associé n'est tenu des dettes de la société que jusqu'à concurrence de sa mise.

La société en commandite est une combinaison des deux autres : certains associés, les commandités, sont tenus comme les associés en nom collectif, tandis que les commanditaires sont tenus jusqu'à concurrence de leur apport. Selon que les considérations de la personne des commanditaires joue ou non un rôle dans la formation de la société, celle-ci est en commandite par intérêts ou en commandite par actions.

Quant à la société en participation, elle est censée inconnue des tiers. Ceux-ci ne connaissent que l'associé qui contracte avec eux ; contre les autres, ils n'ont aucun recours, de même que les associés n'ont aucun droit contre les débiteurs de la société. En un mot, le principe de la représentation est laissé de côté, et l'associé qui parle pour la société joue, en quelque sorte, le même rôle que le mandataire dans le premier état du droit romain : le gérant est un intermédiaire qui poursuit les débiteurs de la société et qui est poursuivi par les créanciers sociaux, sauf à se retourner ensuite contre ses coassociés ou à subir leur recours. Dans notre ancien droit, cette société s'appelait anonyme ou inconnue : Pothier la définit parfaitement en disant que la société inconnue est « celle par laquelle deux ou plusieurs personnes conviennent d'être de part dans une certaine négociation qui sera faite par l'une d'entre elles en son nom seul ».

En résumé, quel que soit l'objet de la société, elle

peut adopter l'une de ces formes et être régie par les règles que nous venons d'indiquer succinctement ; mais s'il s'agit d'une société ayant pour but l'accomplissement d'actes civils, elle ne peut prendre l'une des formes par actions sans devenir commerciale.

A côté de ces sociétés à formes diverses citées dans le livre III du Code de commerce, la loi du 24 juillet 1867 en a créé une nouvelle : la société à capital variable. Il s'agit moins d'une forme particulière de société que d'un mode applicable à toutes sortes de sociétés, de telle sorte qu'une société civile ou commerciale, anonyme, en nom collectif, en commandite ou en participation peut être à capital variable par opposition aux sociétés à capital fixe qui forment la règle générale. La disposition essentielle du titre III de la loi de 1867, relatif aux sociétés à capital variable, est contenue dans les art. 52 et 54 ainsi conçus : Art. 52. « Chaque associé pourra se retirer lorsqu'il le jugera convenable... » — Art. 54. « La société ne sera pas dissoute par la mort, l'interdiction, la retraite, la faillite ou la déconfiture de l'un des associés... » Dans tous ces cas, la société à capital variable continue de plein droit, ce qui est impossible dans les sociétés à capital fixe.

Enfin, une dernière distinction peut être établie entre les sociétés licites et les sociétés illicites à défaut d'autorisation.

Sous l'empire du Code de commerce, les sociétés en général se formaient sans aucune autorisation. A cette règle, l'art. 37, C. co., apportait une exception en ce qui concerne les sociétés anonymes : il subordonnait leur existence à l'obtention d'une autorisation gouvernementale délivrée dans la forme des règlements d'administration publique.

La loi du 24 juillet 1867, dans son art. 21, supprime cette entrave et proclame la liberté des sociétés même anonymes. Cependant, il reste encore une épave du système restrictif de l'art. 37, C. co. Les art. 65 et 67 qui terminent la loi nouvelle, décident que les sociétés d'assurances sur la vie et les tontines ne peuvent se constituer sans autorisation préalable, comme sous l'empire du Code. Le législateur a craint que les intéressés ne fussent pas assez éclairés pour rechercher quelle est la durée moyenne de la vie humaine et pour effectuer les calculs auxquels elle sert de base ; il a voulu remplacer le contrôle que les particuliers ne peuvent pas exercer par celui de l'Etat.

De telle sorte qu'aujourd'hui les sociétés s'établissent en principe sans aucune autorisation sauf les tontines et les sociétés d'assurances sur la vie. Dans le cas de violation des prescriptions des art. 66 et 67 de la loi du 24 juillet 1864, ces sociétés sont inexistantes et, par suite, les questions que nous aurons à résoudre pour les sociétés régulièrement constituées ne se poseront même pas pour ces conventions qui ne sont qu'une vaine apparence sans consistance.

CHAPITRE II.

La loi n'a pas distingué les associations d'après leur objet ou leur forme comme elle l'avait fait pour les sociétés. Elle ne s'est occupée de ces associations qu'au point de vue pénal et la seule distinction que nous essayerons de faire ressortir ici est celle qu'établit le Code pénal entre les associations licites et les associations illicites.

Le législateur a considéré avec beaucoup de raison, selon nous, que les hommes qui s'assemblent pour travailler, spéculer et partager le fruit de leur labeur, ne sont pas dangereux pour l'ordre social : il fallait les laisser se réunir librement, sauf à les punir plus tard s'ils venaient à commettre quelque délit de droit commun. Au contraire, le devoir du Gouvernement est de veiller, quand il se crée une association politique, religieuse, littéraire, en un mot une de ces associations dont le but est plus élevé, plus désintéressé que celui des sociétés ; ces associations pourraient devenir dangereuses si elles se formaient sans aucun contrôle et c'est ce qu'ont compris les législateurs de 1810 et de 1834 en donnant au Gouvernement le droit d'accorder ou de refuser son autorisation à l'association en voie de se former.

Deux choses qui ont été souvent confondues, ce sont la réunion et l'association. M. Ducrocq (1) les distingue d'une façon fort nette en disant que « la réunion est le concours accidentel de plusieurs personnes dans le même lieu, et la seconde ce concours permanent et à époques fixes. Un lien quelconque, écrit ou verbal, unit entre eux les associés poursuivant un but déterminé à l'aide d'une cotisation convenue et d'une action commune. Les personnes qui assistent à une même réunion ne sont, au contraire, rapprochées que momentanément pour parler et non pour agir ».

Le législateur lui-même n'a pas toujours distingué la réunion de l'association. Les droits de réunion et d'association après avoir été proclamés ensemble par la loi du 14 décembre 1789, limités ensuite par la constitution du 5 fructidor de l'an III, reçurent ensemble une grave atteinte dans le décret-loi du 25 mars 1852 qui prohiba d'une manière absolue les associations et les réunions politiques. Les autres associations et réunions publiques étaient permises si elles comp-

---

1. *Droit administratif*, 6° édition, I, n° 748.

taient moins de vingt membres et même si elles comptaient plus de vingt membres à la condition que les associés habitassent sous le même toit.

La loi du 6 juin 1868 a commencé à distinguer les réunions publiques des associations : elle a fait bénéficier les premières de certaines faveurs qu'elle refusait aux secondes. Depuis la promulgation de cette loi, les réunions pubiques où ne se traitaient ni matières politiques ni matières religieuses, purent se tenir sans aucune autorisation.

Aujourd'hui rien ne subsiste plus de cette ancienne confusion et la loi du 30 juin 1881 accorde une liberté absolue aux réunions publiques.

Les associations continuent d'être régies par les même règles que précédemment.

Section I. — *Principe général.*

Le droit commun en matière d'associations est indiqué dans les art. 291 et suiv. du Code pén., combinés avec la loi du 10 avril 1834. Quand une association se compose de plus de vingt membres qui se réunissent tous les jours ou à jours marqués et qui n'habitent pas sous le même toit, elle est illicite si le Gouvernement n'a pas délivré son autorisation (1) ; et cela est vrai même des associations formées de plusieurs sections contenant au moins vingt membres chacune. Cette autorisation gouvernementale peut être retirée à tout moment sans quoi le droit du Gouvernement serait illusoire ; il est évident aussi qu'une autorisation nouvelle doit être obtenue quand l'association change ses statuts, car c'est comme une association nouvelle qui se forme.

De ce qui précède, il résulte que les associations où l'on ne se réunit point n'ont pas besoin d'autorisation pour être licites : ces associations, moins fortes que les autres, sont aussi moins dangereuses et la solidarité qui unit leurs membres ne se manifeste guère que par le versement des cotisations. Bénéficient de la même faveur les associations où l'on est toujours réuni ; le législateur de 1810 a voulu soustraire aux rigueurs du Code pénal les membres d'une même famille ; aujourd'hui les familles nombreuses ont disparu et si certaines associations peuvent se prévaloir de la lettre de la loi, bien peu sont protégées par son esprit.

La loi qui ne déclare que deux espèces de sociétés illicites à défaut de l'autorisation requise par la loi de

---

1. C'est le préfet, représentant du Gouvernement, qui accorde ou refuse cette autorisation.

1867, tandis qu'elle multiplie les causes d'illégalité des associations, est aussi plus sévère en ce qui concerne les conséquences de l'illégalité de ces dernières. Une Société d'assurances sur la vie étant constituée irrégulièrement, la loi se contente de dire : « Il n'y a rien de fait, la société est inexistante, elle ne peut produire aucun effet. » En matière d'associations, au contraire, la sanction des règles que nous venons de résumer est une peine correctionnelle. La dissolution est prononcée par l'art. 292 du Code pénal et depuis la loi de 1834, tous les associés sont punis de peines sévères. Sous l'empire du Code, les directeurs et administrateurs de l'association illicite étaient seuls frappés ; aujourd'hui les simples membres de l'association sont punis de deux mois à un an d'emprisonnement et d'une amende de cinquante à mille francs. L'interdiction de séjour peut être prononcée comme peine supplémentaire.

Les règles générales de la complicité sont applicables dans cette matière et l'art. 3 de la loi du 11 avril 1834 décide, conformément aux principes généraux, que celui qui prête sciemment sa maison aux membres d'une association illicite pour qu'ils y tiennent leurs réunions est puni des mêmes peines que les associés eux-mêmes.

Enfin l'art. 294 du Code pénal prévoit un délit spécial voisin de ceux que nous venons d'indiquer. Il est ainsi conçu : « Tout individu qui, sans la permission de l'autorité municipale aura accordé ou consenti l'usage de sa maison ou de son appartement en tout ou en partie, pour *la réunion des membres d'une association même autorisée*, ou pour l'exercice d'un culte, sera puni d'une amende de seize francs à deux cents francs ».

SECTION II. — *Exceptions au principe.*

Après avoir posé les règles générales que nous venons de résumer succinctement, le législateur dans diverses lois et dans le Code pénal lui-même est venu y apporter une série d'exceptions. Certaines associations sont toujours interdites : jamais on ne peut leur accorder l'autorisation de l'art. 291 ; leurs membres sont toujours punissables même s'ils sont moins de vingt. D'autres, au contraire, sont toujours permises sans qu'elles aient à obtenir une autorisation quelconque.

Les art. 265 et suiv. du Code pénal considèrent comme un crime le fait d'être affilié à une association de malfaiteurs. Ces associations sont illicites, et la peine qui en punit les membres est la réclusion. Les chefs sont punis des travaux forcés à temps.

Sont également considérées comme illicites les sociétés secrètes. La loi a considéré comme dangereuses ces associations dont on ne connaît ni le but, ni les statuts, ni les actes.

Enfin la loi du 14 mars 1872 décide que toute association internationale ayant pour but de « provoquer à la suspension du travail, à l'abolition du droit de propriété, de la famille, de la patrie, de la religion et du libre exercice des cultes constitue, par le seul fait de son existence et de ses ramifications sur le territoire français, un attentat contre la paix publique. » Les membres de semblables associations sont punis d'un emprisonnement de trois mois à deux ans et d'une amende de cinquante à mille francs avec la faculté pour le juge de prononcer en plus l'interdiction civique contre les délinquants. Quant à ceux qui ont accepté une fonction dans ces associations ils peuvent être punis de cinq années d'emprisonnement et de deux mille francs d'amende.

A l'inverse, diverses associations comptant plus de vingt membres sont permises sans qu'aucune autorisation soit nécessaire.

Les plus importantes de ces associations sont certainement les syndicats professionnels, reconnus légitimes par la loi du 21 mars 1884. Les syndicats sont des associations soit d'ouvriers, soit de patrons, soit de patrons et d'ouvriers où les intérêts professionnels seuls devraient être en question. Le législateur de 1884 n'a pas voulu qu'il fût permis à l'une des parties contrac-

tantes, dans le louage de services, de fausser la loi de
l'offre et de la demande et de forcer l'autre partie à
subir toutes les conditions qu'il lui plairait de lui im-
poser. Il fallait que les ouvriers pussent se réunir pour
résister aux prétentions du patron, que les patrons pussent se réunir de leur côté pour résister à celles des ouvriers ; il fallait, ce qui vaut encore mieux, que les uns
et les autres pussent se réunir pour régler à l'amiable
les diverses questions d'ordre professionnel qui pourraient se présenter. L'expérience fera voir si, en déro-
geant sur ce point à l'art. 291 du Code pénal, le législateur n'a pas trop préjugé de la sagesse des syndicats
et si, sous le nom d'associations professionnelles, ne se
sont pas formées de véritables associations politiques
s'occupant plutôt des intérêts électoraux de leurs chefs
que des intérêts professionnels de leurs membres.

Cette loi de 1884 a donné lieu à de nombreuses dis-
cussions qui ne rentrent pas dans notre sujet et que nous
ne voulons pas aborder. Nous nous bornerons à signa-
ler la difficulté qui est née sur le point de savoir si les
professions libérales peuvent bénéficier de la nouvelle
loi. La Cour de cassation s'est prononcée nettement et
à plusieurs reprises pour la négative. Notamment, le
27 juin 1885, la Cour suprême a déclaré que la loi sur
les syndicats professionnels n'a point été rendue applicable à toutes les professions, que les travaux préparatoires ont constamment affirmé la volonté du lé-

gislateur d'en restreindre les effets à ceux qui appartiennent, soit comme patrons, soit comme ouvriers ou salariés, *à l'industrie, au commerce ou à l'agriculture* à l'exclusion de toutes autres personnes et de toutes autres professions (1). » M. Edmond Villey, professeur à la Faculté du droit de Caen, combat la théorie de la Cour de cassation et lui reproche de transformer une loi de liberté en loi de privilège.

De même que les syndicats professionnels, sont soustraites à l'application de l'art. 291 du Code pénal et de la loi de 1834, les associations formées pour l'exercice d'un des trois cultes reconnus par l'état : les cultes catholique, protestant ou israélite. Cependant, ces associations ne se forment librement que si elles réunissent plusieurs conditions : il faut que leurs réunions se tiennent dans l'église, le temple ou la synagogue, qu'elles soient présidées par un ministre officiel du culte et qu'elles soient autorisées par l'évêque ou le consistoire. Ce n'est pas un acte législatif qui établit directement cette exception à l'art. 291 ; mais était-il besoin d'un texte exprès ? A quoi aurait pu servir une autorisation ? Cette autorisation nécessaire pour l'exercice d'un culte inconnu, à quoi bon la demander pour l'exercice d'un des trois cultes déjà reconnus d'une façon générale par la loi ? Telles sont les raisons qui ont dé-

1. Cass. 27 juin 1885. D. 1886, 1, 137. S. 87, 1, 281.

terminé la Cour de cassation, dont la jurisprudence est formelle en ce sens (1).

L'art. 10 de la loi du 12 juillet 1875 crée une autre exception à la règle générale en décidant que l'art. 291 du code pénal n'est pas applicable aux associations formées pour créer et entretenir des cours d'enseignement supérieur.

Enfin, depuis le 28 juillet 1848, les sociétés de secours mutuels sont soustraites à l'application des art. 291 et suiv. du Code pén.

Y a-t-il une nouvelle dérogation à l'art. 291 en ce qui concerne les congrégations religieuses ? Ces congrégations doivent-elles être autorisées pour éviter la dissolution et pour que leurs membres n'encourent pas les peines prononcées contre les membres des associations illicites ?

Il ne s'agit plus maintenant d'une association de fidèles qui se réunissent à jours fixes dans un lieu public, sous la présidence d'un ministre officiel, pour l'exercice d'un culte. Ce sont des personnes liées par des vœux, qui vivent et célèbrent les mystères divins dans un lieu privé, hors de la présence du prêtre nommé par l'Etat.

La question que nous nous proposons de résoudre a

1. Cass. 12 avril 1838. S. 38, 1, 314 ; Cass. 22 avril 1843. S. 43, 1, 633.

fait grand bruit, il y a une douzaine d'années : les jurisconsultes les plus éminents ont été appelés à donner
leur avis. MM. Rousse et de Vatimesnil se sont prononcés catégoriquement en faveur des congrégations ;
M. Demolombe a adhéré solennellement à la consultation Rousse.

Malgré l'autorité qui s'attache au nom de ces jurisconsultes, nous n'hésitons pas à admettre la théorie
contraire et à penser que les congrégations religieuses
non autorisées sont illicites et que leurs membres peuvent être frappés des peines de droit commun.

Nous ne nous attarderons pas à discuter les raisons
qui pourraient faire pencher le législateur dans un sens
ou dans l'autre : nous nous placerons sur le terrain purement juridique et notre seule ambition sera de déterminer quelle a été la pensée de la loi.

Les auteurs qui considèrent les congrégations religieuses comme illicites invoquent, en premier lieu, certains monuments législatifs de notre ancien droit et du
droit intermédiaire : un arrêt de 1762 qui ordonnait aux
Jésuites de quitter le royaume, une loi du 19 février
1790 déclarant que les vœux solennels ne sont plus reconnus, une loi du 18 août 1792 prohibant le port du
costume religieux et la loi du 18 germinal an X relative à l'organisation des cultes. Tous ces textes sont
peu concluants, car ils peuvent recevoir une interprétation différente de celle qu'on en propose.

Nous préférons arriver immédiatement au décret du 3 messidor de l'an XII qui fournit un argument plus sérieux en faveur de notre système. Ce décret, après avoir dissous la congrégation des Pères de la Foi ou adorateurs de Jésus qui avaient pris aussi le nom moins vulgaire de Pacanaristes, déclare également dissoutes toutes autres associations formées sous prétexte de religion et non autorisées. Il ajoute dans son art. 4 : « Aucune agrégation ou association d'hommes et de femmes ne pourra se former à l'avenir sous prétexte de religion à moins qu'elle n'ait été formellement autorisée par un décret impérial sur le vu des statuts et règlements selon lesquels on se propose de vivre dans cette agrégation ou association. »

A l'argument tiré de cet article contre les congrégations religieuses, on a répondu en disant 1° que le décret de messidor a été abrogé par le Code pénal ; 2° qu'il est dépourvu de toute sanction.

1° L'art. 484 du Code pénal fournit, en effet, un argument qui semble décisif en faveur de l'abrogation : les lois antérieures au Code demeurent en vigueur si les sujets dont elles traitent n'ont pas fait l'objet de dispositions du Code pénal. Or, le Code s'est occupé des associations en général : les associations religieuses sont donc soumises aux seules règles du Code pénal et le décret de messsidor est abrogé. On invoque aussi pour prouver l'abrogation du décret de mes-

sidor les lois de 1817 et 1825 relatives aux congrégations religieuses, celles de 1850 et 1875 relatives à
l'organisation de l'enseignement. Mais à quoi bon in-
sister sur un point déjà acquis et vouloir tirer pénible-
ment de ces lois une conclusion à laquelle nous avons
été conduits à l'aide du texte fort clair du Code pénal?

2° Et quant à l'argument que l'on tire en faveur des
congrégations, du défaut de sanction dans le décret de
messidor, il nous paraît également fondé. Même si le
décret était en vigueur, les juges seraient fort empê-
chés d'y trouver un article prononçant une peine quelconque. L'art. 6 permet, il est vrai, l'emploi de la voie
extraordinaire ; mais aujourd'hui, cette voie extraordinaire a disparu et, depuis la promulgation du Code
d'Instruction criminelle, le décret de l'an XII est dépourvu de tout moyen de coercition.

Si nous reconnaissons nous-même que le décret de
messidor de l'an XII n'est pas suffisant pour infliger
une peine aux membres des associations religieuses non
autorisées, il ne s'en suit pas que nous considérions
ces associations comme licites. Nous pensons que l'a-
brogation du décret de messidor résulte de ce fait que
l'art. 291 du Code pénal s'est occupé du même cas
que le décret ; mais nous pensons aussi que l'art. 291
en se substituant au décret a continué à prohiber les
congrégations religieuses non autorisées.

Pourquoi une association religieuse de plus de vingt

personnes serait-elle dispensée de la nécessité d'obtenir l'autorisation préfectorale tandis qu'une association de plus de vingt musiciens ou de plus de vingt gymnastes y est soumise ? Rationnellement, on n'en voit aucun motif. Le fait par les religieux de se lier par des vœux solennels, d'habiter sous le même toît pour que l'autorité de leur chef soit plus absolue est un danger de plus pour la Société. Et c'est précisément cette habitation en commun qu'invoquent les défenseurs des congrégations religieuses en faveur de leur thèse !

L'art. 291 se termine par un malheureux alinéa décidant que, pour le calcul des vingt personnes dont parle la loi, on ne comptera pas celles qui habitent sous le même toît. Le législateur ne pensait évidemment pas, en écrivant cet alinéa, à ces associations d'hommes toujours réunis précisément dans le but de donner plus de force à leur groupe. Les travaux préparatoires en font foi. Il s'agissait, alors que les familles étaient nombreuses, de ne pas les troubler, la loi n'étant pas faite pour elles. « Le Gouvernement, disait Berlier, n'interviendra donc point dans ces réunions que les rapports de famille, d'amitié ou de voisinage peuvent établir sur les points d'un si vaste empire (1). » Aujourd'hui, cette préoccupation est malheureusement devenue superflue, la dépopulation ayant

---

1. Locré, t. XXX. — 14, n° 41, p. 265.

rendu fort rares les familles nombreuses ; et c'est à l'aide d'une interprétation littérale qu'on étend l'exception de l'art. 291 2ᵉ al. à un cas que son esprit ne comprend certainement pas (1).

Ce qu'il y a de certain, c'est que l'art. 291 s'applique aux congrégations religieuses ou ne s'y applique pas. S'il ne s'y applique pas, le décret de messidor et les lois révolutionnaires restent en vigueur ; s'il s'y applique, il faut infliger aux délinquants les pénalités qu'il édicte. Mais c'est un paradoxe de soutenir que l'art. 291 vise les congrégations religieuses quand il s'agit d'abroger les textes antérieurs et qu'il est muet à leur égard quand il s'agit de punir. Et c'est ce que font les adversaires de notre système. Ils commencent par prouver que l'art. 291 est le seul texte qui s'applique aux congrégations non autorisées et ils se débarrassent ainsi de tous les textes gênants, après quoi ils mettent de côté l'art. 291 lui-même, de telle sorte qu'il ne reste plus rien et que les congrégations religieuses non autorisées peuvent s'épanouir en paix !

Nous avons ainsi terminé l'énumération des diverses associations qui peuvent se former. Nous avons distingué les sociétés des associations proprement dites. Nous avons divisé les Sociétés elles-mêmes d'après leur

1. En ce sens Gide : *Du droit d'association en mat. relig.* P. 337.

forme et leur objet ; nous avons ensuite examiné les associations proprement dites : nous en avons trouvé de licites et d'illicites.

Nous aurons à les reprendre tour à tour pour savoir quelles sont celles d'entre elles qui possèdent la personnalité morale. Mais avant que d'en arriver à cette question, il importe de définir la personnalité, d'en étudier les conséquences et alors seulement, nous pourrons rechercher si, au-dessus des dispositions éparses consacrées par le législateur à chacune de ces associations, ne plane pas le principe de la personnalité civile.

DEUXIÈME PARTIE

De la Personnalité morale et de l'indivision

CHAPITRE I

NOTIONS GÉNÉRALES.

Il ne faut pas chercher dans le Code une théorie de la personnalité morale ; jamais la loi n'emploie cette expression, mais si le mot n'y est pas, la chose y est ; et plusieurs articles montrent clairement que le législateur de 1804 n'a pas entendu innover sur ce point et a conservé la théorie créée par le droit romain et nos anciens auteurs.

La personne, c'est l'acteur sur la scène juridique, c'est le titulaire de droits et d'obligations. Les créances et les dettes en elles-mêmes sont des abstractions : elles ont besoin de reposer sur la tête d'une personne pour entrer dans le domaine de la réalité.

Aujourd'hui, depuis qu'il n'y a plus d'esclaves, tous les hommes peuvent acquérir des droits : tous sont des personnes. Mais à côté de ces personnes ayant une existence réelle, physique, il y a des corps, simples abstractions, n'ayant qu'une existence fictive, qui possèdent aussi la personnalité ; pour les opposer aux personnes physiques, on leur donne le nom de personnes morales, juridiques ou civiles.

Les personnes morales sont donc des êtres abstraits créés par la fiction de la loi et capables d'être les sujets de droits et d'obligations. Pothier (1), les définit ainsi : « Les corps et communautés établis suivant les lois du royaume sont considérés dans l'Etat comme tenant lieu de personnes, *veluti personam sustinent ;* car ces corps peuvent, à l'instar des personnes, aliéner, acquérir, posséder des biens, plaider, contracter, s'obliger et obliger les autres envers eux. Ces corps sont des êtres intellectuels, différents et distincts de toutes les personnes qui les composent ; *universitas distat a singulis.* »

Cette fiction légale dérive de la nature de l'association elle-même. Dès que plusieurs hommes ont eu formé une société, ils ont eu des intérêts communs, souvent

1. Pothier, t. XXIII, p. 352.

en contradiction avec les intérêts particuliers de chacun des membres de l'association. Pour distinguer ces deux catégories d'intérêts, il était naturel de faire reposer les premiers sur la tête d'un être imaginaire opposé ainsi aux êtres réels, titulaires des droits particuliers.

Néanmoins, la loi n'a pas cru devoir accorder la personnalité à toutes les associations indistinctement, ainsi que nous le verrons dans la IIIe partie de notre étude.

Lorsqu'une association ne possède pas la personnalité, on dit que ses membres sont en état d'indivision relativement aux biens qu'ils possèdent en commun. Ici, il n'est plus question d'un nouveau personnage distinct des associés. Les associés seuls existent ; seuls ils ont des droits et des obligations. De cette différence capitale entre les associations personnes civiles et les associations simples collections de copropriétaires par indivis, découle toute une série de conséquences que nous nous efforcerons de mettre en lumière dans le chapitre suivant.

CHAPITRE II

DE LA CAPACITÉ DES PERSONNES MORALES

La capacité est la faculté légale d'accomplir certains actes juridiques, de devenir titulaire des droits et d'être tenu des obligations qui en résultent.

Cette capacité est-elle aussi étendue pour les personnes morales que pour les personnes physiques ; ou bien la Loi s'est-elle bornée à énumérer limitativement les divers droits auxquels chaque personne civile devient apte par la concession de la personnalité? Sur cette question, comme sur beaucoup d'autres qui rentrent dans notre sujet, la loi est restée muette. De là une divergence chez les auteurs, qui sont divisés en deux fractions à peu près égales.

Bien entendu, il ne peut s'agir ici de certains droits manifestement incompatibles avec la nature des personnes civiles n'ayant qu'une existence fictive, il ne peut être question pour elles de mariage, de filiation, de paternité, etc. En d'autres termes, la question que nous allons essayer de résoudre ne se présente pas à l'occasion des droits de famille.

La difficulté naît au sujet des droits purement pécuniaires. Certains auteurs, à la tête desquels se trouve M. Laurent, considèrent que la personnalité juridique est une pure création de la doctrine, absolument inconnue du législateur. Les rédacteurs de nos codes, disent ces auteurs, n'ont pas voulu faire de théorie ; leur seule ambition a été de trancher des difficultés particulières. Ce sont les jurisconsultes qui ont rattaché entre elles les solutions spéciales de la loi en les ramenant à un prétendu principe qui aurait toujours inspiré le législateur sans avoir, toutefois, été exprimé d'une façon formelle. Il faut, concluent-ils, abandonner ce bagage inutile, s'en tenir à la loi et se borner à appliquer les textes épars du Code qui se suffisent à eux-mêmes. En un mot, même pour les associations, personnes morales, l'incapacité est la règle, la capacité, l'exception.

Le système contraire est défendu par MM. Aubry et Rau, Lyon-Caen, Demolombe, etc. La jurisprudence en a fait plusieurs fois l'application ; et, selon nous, la vérité se trouve de ce côté.

Il faut remarquer tout d'abord que, si la théorie de la personnalité ne se trouve pas dans nos codes, elle se trouve dans tous nos anciens auteurs. Est-il juste, dès lors, de parler de solutions spéciales données pour des cas particuliers ? N'est-il pas plus exact de considérer que notre législateur, transcrivant les décisions que Pothier faisait découler du principe de la personnalité, a entendu conserver le principe en même temps que les conséquences ?

La rédaction de certains textes du Code civil montre bien que cette théorie de la personnalité morale existait dans l'esprit du législateur, quoiqu'il ne l'ait pas fait passer sous formes d'articles dans le grand monument législatif de 1804. L'art. 619 est ainsi conçu : « L'usufruit qui n'est pas accordé à des particuliers ne dure *que trente ans* ». Si, comme le disent les adversaires du système auquel nous nous sommes rattaché, le principe pour les personnes civiles avait été l'incapacité, l'autorisation d'être usufruitières même pendant trente ans eût été une faveur et l'article aurait dit : « Les associations jouissant de la personnalité civile pourront être usufruitières pendant trente ans ». Au contraire, la loi emploie une formule restrictive ; les mots *ne dure que...* indiquent une exception et l'exception elle-même implique une règle contraire, celle de la capacité générale.

L'art. 910 est rédigé dans des termes analogues : les dispositions à titre gratuit au profit de certaines personnes morales *n'*auront d'effet *que* si un décret autorise l'acceptation de la libéralité. L'intention du législateur apparaît clairement une fois de plus : ce n'est pas une faveur faite aux personnes civiles dont il est question dans l'art. 910 ; c'est, au contraire, une res-triction à la règle de la capacité générale accordée en principe aux personnes morales.

Dans des cas analogues, le Code emploie des for-mules semblables : le mineur a une incapacité de droit générale ; son tuteur exerce pour lui tous ses droits sans aucun contrôle ; tout le monde le reconnaît et cepen-dant le Code ne le dit pas expressément. Comme pour nos personnes morales, il laisse le principe général dans l'ombre, se bornant à statuer sur les exceptions. « La donation faite au mineur *ne* pourra être acceptée par le tuteur *qu*'avec l'autorisation du conseil de fa-mille ». « Le tuteur *ne* pourra transiger au nom du mineur *qu*'après y avoir été autorisé..... »

Dans le cas des personnes morales, comme dans le cas du mineur, la loi montre qu'elle veut corriger ; il faut donc qu'il y ait quelque chose à corriger : la ca-pacité générale de la personne morale et celle du mi-neur.

Est-ce à dire qu'une personne morale sera capable d'accomplir des actes en dehors du but pour lequel elle a été créée ? Nous ne le pensons pas. En effet, la loi, qui a seule la puissance de concéder la personnalité morale, l'a concédée avec parcimonie et circonspec-tion. A tort ou à raison, elle a considéré que les asso-ciations, dangereuses en elles-mêmes, devenaient bien plus dangereuses dès qu'elles étaient douées de la personnalité civile et elle a réservé au Gouvernement, dans la plupart des cas, le droit d'apprécier les avantages et les inconvénients qui pourraient résulter de la personnalité d'une association. Dans certains cas, la loi elle-même a conféré l'existence juridique à toute une catégorie d'associations à raison de leur nature.

Mais, il ne faut pas que l'on puisse se jouer de la loi ; il ne faut pas qu'une association se forme avec certains statuts et qu'après avoir obtenu le bénéfice de la personnalité elle prenne une nouvelle ligne de conduite ; elle cesserait à ce moment d'être elle-même, d'être la société autorisée par le Gouvernement ; elle deviendrait une société nouvelle dépourvue de personnalité. La question s'est présentée à plusieurs reprises pour de prétendues sociétés de commerce. Ces sociétés sont reconnues par tous comme ayant la personnalité civile ; mais le jour où une société de commerce cesse de faire des actes de commerce pour faire de la musique ou de la littérature, par exemple, elle cesse d'être commerciale et, de plein droit, elle cesse d'être une personne juridique. C'est là la conséquence des véritables principes et l'on ne peut pas considérer comme une dérogation à la règle de la capacité générale des personnes civiles, la solution que nous venons de donner.

Les exceptions véritables à cette règle, c'est le législateur qui les a apportées dans certains cas déterminés. Ayant le droit de créer la personnalité civile, il avait celui de la restreindre dans des cas particuliers. C'est dans la troisième partie de notre étude, qu'après avoir déterminé les associations douées de la personnalité morale, nous indiquerons la portée de la faveur de la loi, en faisant connaître, s'il y a lieu, les restrictions apportées dans chaque cas au principe de la capacité générale.

Telles sont les règles générales en ce qui concerne la capacité des personnes morales.

Dans une association dépourvue d'existence juridique, il ne peut être question ni de créances qui profitent à l'association, ni de dettes qui l'obligent. Seuls les associés peuvent contracter, s'engager et engager les tiers envers eux.

Mais si la loi n'accorde aucune capacité à ces associations, elle ne peut pas restreindre celle des associés, et ceux-ci sont libres de contracter dans les termes du droit commun. Ils peuvent parfaitement donner mandat à l'un d'entre eux d'agir pour la gestion des biens communs (1). Le mandataire oblige alors tous ses mandants, les associés, envers les tiers, et les tiers envers

1. Il faut pour cela que l'association ne soit pas illicite, c'est-à-dire inexistante en vertu de l'art. 1131 du Code civil.

les mandants suivant les règles ordinaires du droit commun. C'est seulement une question de fait que celle de savoir si le mandat est connu des tiers et si le mandataire a agi en sa qualité de mandataire ou en son nom personnel.

La Cour de cassation a fait une saine application de ces principes dans un arrêt célèbre du 29 juin 1847 : Au mois de mai 1838, les officiers dignitaires du Cercle philharmonique à Marseille avaient fait un contrat avec la compagnie continentale de Londres pour l'éclairage du local du cercle. A un moment donné, la compagnie anglaise, déchirant le traité, refusa de fournir le gaz au taux convenu. L'argumentation de la compagnie était fort simple : les officiers dignitaires avaient agi pour le cercle ; or le cercle n'était pas une personne ; par conséquent, la compagnie n'avait contracté envers personne et n'était tenue envers personne.

L'affaire fut portée jusque devant la Cour de cassation qui fit bonne justice des arguments de la Compagnie. « Attendu, dit l'arrêt, que le cercle de la société philharmonique ne constitue point une société civile et ne peut être considérée que comme une réunion d'individus, rien ne s'opposait à ce que les membres de cette société pussent donner à quelques-uns d'entre eux, le pouvoir de traiter au nom de chacun d'eux et par suite, en fait, au nom de tous, et qu'il pût en résulter entre les tiers et ces mandants, une obligation tout aussi valable que si chacun des membres de la réunion avait traité individuellement avec les tiers (1) ».

De même, le 9 décembre 1876, la Cour de Poitiers à validé l'acquisition faite par quinze personnes associées d'une maison devant servir de local à la loge maçonnique « la *Fraternité vendéenne* ». La Cour a constaté que les associés avaient voulu stipuler non pour l'association sans existence juridique, mais en leur nom personnel (2).

Il est vrai que la jurisprudence semble avoir abandonné le système que nous défendons. Notamment, le 25 mars 1881, la Cour de Paris a annulé un legs de six mille francs adressé aux artistes peintres de Paris, réunis dans une association. La Cour a prétendu qu'en acceptant, les membres de l'association avaient agi pour la société incapable (3).

Il est douteux que la jurisprudence, en changeant de système se soit rapprochée de la vérité.

1. Cass. 29 juin 1847, S. 48. 1. 212.
2. Poitiers, 9 décembre 1876, S. 78. 2. 89.
3. Paris, 25 mars 1881, S. 81. 2. 249. — Que l'on n'objecte pas en faveur de la thèse soutenue par la Cour de Paris, dans son arrêt du 25 mars 1881, que le legs est nul comme s'adressant à une association dépourvue d'existence juridique. On doit interpréter la volonté du testateur de telle sorte que le legs puisse produire un effet et il ne faut pas supposer que le défunt a voulu léguer à l'association non-existante. En employant le mot « association », le testateur voulait faire bénéficier les associés, mais il leur imposait la charge de mettre ou de laisser en commun l'objet légué.

Le grand argument des auteurs (M. Laurent en tête), (1) qui invitent la jurisprudence à persister dans la voie nouvelle où elle s'est engagée, est tiré de l'interposition des personnes.

On interdit à une association d'agir, on lui refuse la personnalité civile, on lui défend de posséder, d'acquérir, etc. La loi, dit-on, sera tournée si l'un des associés ou tous ensemble acquièrent, possèdent, agissent pour la société. Le législateur ne peut pas avoir voulu rendre la fraude si facile ; chaque fois qu'il édicte une incapacité, il ajoute que l'acte accompli au moyen de personnes interposées sera nul (art. 911-1099-1596, C. civ.).

A cette argumentation, il est facile de répondre avec M. Beudant : « l'interposition est un procédé employé pour éluder une incapacité par un détour, notamment en matière de dons et legs ; on l'emploierait en vain, et dès lors on ne peut la supposer, s'il s'agit d'une incapacité absolue, puisque celui auquel la chose donnée est destinée, ne pourrait pas plus la recevoir de l'intermédiaire choisi que du disposant lui-même : le détour serait vain, et il est absurde de supposer qu'on y recourt, quand, pas mieux que la voie directe, il ne peut conduire au but désiré (2). »

1. *Principes de Droit civil français,* t. XXVI, n°s 145 et suiv.

2. D. 79. 2. 231, note .

En somme, pour qu'il y ait interposition, il faut deux personnes entre lesquelles un troisième personnage vienne s'interposer pour accomplir en son nom l'acte interdit à l'une d'elles. Or, ici il n'y a que deux personnes en présence, le tiers et l'associé ; l'association n'existe pas et l'on ne comprend pas comment il pourrait y avoir un interposition entre elle et le tiers.

Du reste, un dernier argumenr lève tous les doutes. Avec la nouvelle théorie de la jurisprudence, les associés voient diminuer leur capacité par le seul fait qu'ils font partie d'un corps dépourvu de la personnalité civile. Pour justifier cette déchéance, il faudrait un texte qui n'existe pas ; et, dans le silence de la loi, il faut admettre que les membres d'une association simple indivision, jouissent de la même capacité que les autres citoyens (1).

Après avoir étudié d'une façon générale la capacité des personnes morales et recherché comment se gèrent les associations sans existence juridique, il nous reste à examiner en détail comment les associations, êtres fictifs, jouissent de leur capacité relativement aux droits réels, aux obligations et aux actions. Cette étude fera

1. Van den Heuvel. *De la situation légale des associations sans but lucratif.* De Vareilles-Sommières, *Du contrat d'association.*

l'objet de trois sections dans lesquelles nous indiquerons accessoirement les différences qui séparent, à ce
point de vue, les associations douées de la personnalité et celles qui en sont dépourvues.

SECTION I

Capacité des personnes morales en ce qui concerne les droits réels.

Il paraît fort difficile de concevoir une personne qui
n'aurait pas le droit d'être propriétaire. Tous les droits
réels font partie du droit de propriété qui est comme
un faisceau formé de tous les autres droits. Les droits
personnels eux-mêmes n'ont guère d'autre utilité que
de faire acquérir au créancier un droit réel dans un
avenir plus ou moins éloigné. Il en résulte que l'on ne
pouvait pas accorder à certaines associations la personnalité morale, sans leur permettre en même temps
de devenir propriétaires. C'est, en effet, ce qu'ex-
prime Pothier au début de son titre VII des Personnes
que nous citions dans notre chapitre I : « Ces corps
peuvent, à l'instar des personnes, aliéner, acquérir,
posséder des biens... » La conclusion de ce principe
est toute naturelle : les associés n'ont aucun droit sur

les biens de la société. Pothier continue, en effet :
« Les choses qui appartiennent à un corps, n'appartiennent nullement, pour aucune partie, à chacun des
particuliers dont le corps est composé ; et en cela, la
chose appartenant à un corps est très différente d'une
chose qui serait commune entre plusieurs particuliers,
pour la part que chacun a en la communauté qui est
entre eux. »

Le principe que les personnes morales peuvent devenir propriétaires est reconnu par tous, et il est inutile
de prouver à l'aide de textes du Code civil que l'idée
de Pothier est passée dans notre loi.

En ce qui concerne l'administration et l'aliénation
des biens appartenant aux associations, personnes morales, en principe, il n'y a rien à dire, et l'art. 537 est
étranger à notre sujet. Il vise les établissements publics
(les communes, les départements, les fabriques, etc.),
quand il annonce des formes et des règles particulières
relatives à l'administration et à l'aliénation de leurs
biens.

Il n'y a qu'une seule exception qui vienne déroger,
en ce qui concerne les associations, personnes morales, aux règles de droit commun s'appliquant aux
droits réels : elle est écrite dans l'art. 619 et est relative à la durée de l'usufruit. Lorsque l'usufruitier est
une personne physique, son droit dure, si la convention est muette, aussi longtemps que sa vie elle-même.

Comme les personnes morales ont le plus souvent une existence de beaucoup plus longue que celle des personnes physiques, il a été nécessaire, pour ne pas rendre le droit du nu-propriétaire illusoire, de déterminer d'avance la durée de l'usufruit lorsque le titulaire de ce droit est une personne morale ; et la loi a décidé que, dans ce cas, l'usufruit ne pourrait pas durer plus de trente ans.

Malgré cette exception d'une importance insignifiante, on peut dire que les associations personnes morales sont propriétaires de leur patrimoine comme les personnes physiques elles-mêmes. De cette proposition, découlent des conséquences fort importantes au point de vue de la préférence à accorder aux créanciers sociaux sur les biens de la société.

§ I. — *Nature du droit des associés.*

S'il s'agit d'une société non douée de la personnalité civile, les associés sont des copropriétaires ; ils ont un droit réel sur les biens dont ils se sont mutuellement transmis la copropriété, et ce droit est mobilier ou immobilier suivant que les biens communs sont meubles ou immeubles. S'agit-il, au contraire, d'une association possédant la personnalité civile, les associés ne sont plus propriétaires, ils n'ont contre l'être fictif qu'un droit de créance qui est mobilier puisqu'il tend, comme disaient les Romains, à un objet essentiellement mobilier, une somme d'argent.

Le Code civil fait une application fort juste de ces principes dans son art. 529 ainsi conçu : « Sont meubles par la détermination de la loi..... les actions ou intérêts dans les compagnies de finances, de commerce ou d'industrie, encore que des immeubles dépendants de ces entreprises appartiennent aux compagnies. Les actions ou intérêts sont réputés meubles à l'égard de chaque associé seulement tant que dure la société.»

Les compagnies dont il est question dans l'art. 529 sont des personnes morales, les associés n'ont aucun droit, jusqu'à leur dissolution, sur les immeubles qu'elles possèdent. Tout ce qu'ils peuvent demander, ce sont des parts de bénéfices ; or, les bénéfices sont pécuniaires, c'est-à-dire mobiliers et le droit des associés est également mobilier.

Malgré la rigueur de ce raisonnement, certains auteurs, entre autres Toullier, expliquent l'art. 529 sans recourir à la notion de personnalité civile. Suivant Toullier (1), la loi a donné le caractère mobilier aux actions des associés, quoique ceux-ci soient copropriétaires des biens de la société ; les immeubles sont l'ac-

---

1. Toullier, XII, n⁰ 98.

cessoire dans une société ; ce que l'on se propose avant tout, c'est de réaliser des bénéfices et l'accessoire disparaît, absorbé par le principal.

Cette question a une importance pratique considérable au point de vue de l'engagement et de la cession des actions d'une société, personne morale. Le titre ne confère-t-il à l'associé qu'un droit de créance, il faudra, pour l'engager, observer les formalités de l'art. 2075 du Code civil ; de même, pour le céder, il faudra, à défaut d'acceptation authentique de la cession par le débiteur, procéder à la signification de l'art. 1690.

Les associés, au contraire, sont-ils copropriétaires des biens de la société, il n'y a plus de créance, plus de débiteur et par conséquent plus de signification possible, puisque celle-ci doit être faite, en vertu des art. 2075 et 1690, à la personne ou au domicile du débiteur.

M. Beudant (1), tout en admettant la personnalité civile des compagnies dont s'occupe l'art. 529, croit que les formalités des art. 2075 et 1690 Code civil sont inapplicables à l'engagement et à la cession des actions de ces sociétés de commerce, de finance ou d'industrie, parce que le droit des associés n'est pas un droit de créance. Ce qui, d'après M. Beudant, prouve

____

1. *Revue critique,* 1869, t. 34, p. 135 et suiv.

que le droit des associés n'est pas purement personnel, c'est que, à la dissolution de ces sociétés, leurs
membres se partagent le patrimoine social.Mais comme,
d'un autre côté, M. Beudant reconnaît la personnalité
civile à ces sociétés, le droit des associés ne peut pas
être réel et l'auteur de l'article de la *Revue critique* en
est réduit à proposer cette solution étrange que le droit
des associés n'est ni réel ni personnel.

Aujourd'hui, la question est définitivement tranchée : on distingue le droit des associés pendant la durée de la société et après sa dissolution. Tant que la
société existe, elle est propriétaire et le droit des associés est personnel et mobilier. Après sa dissolution, la
personnalité disparaît et ses membres deviennent copropriétaires par indivis de ce qui était autrefois le patrimoine social. Quant à cet argument de M. Beudant
qui consiste à refuser au droit des associés et le caractère réel et le caractère personnel, M. Lyon-Caen le réfute victorieusement dans une note qu'il publie sous
un arrêt de la Cour d'appel de Paris, en date du 8
août 1881 (1). Un droit, dit-il, doit être réel ou personnel ; mais il est impossible de concevoir un droit qui
n'est ni l'un ni l'autre.

Et pour l'argument que Toullier tire du caractère
accessoire des immeubles dans les compagnies dont

1. S. 82, 2, 25.

s'occupe l'art. 529, une seule observation le réduit à néant. La loi ne se contente pas de dire que l'action est mobilière; elle ajoute : « seulement à l'égard de chaque associé. » Si les immeubles de la société prenaient le caractère mobilier en vertu du principe de l'accessoire, ils le prendraient d'une façon absolue et non pas seulement à l'égard des associés.

Du reste, les Travaux préparatoires ne laissent aucun doute sur l'intention du législateur. Dans le rapport présenté au Tribunat par le tribun Goupil-Préfeln, au sujet de l'art. 529, la distinction entre la société personne morale et les associés considérés individuellement apparaît très nette, et le rapporteur indique formellement que le motif de l'art. 529 se trouve dans la personnalité des compagnies de finance, de commerce et d'industrie (1).

De tout ce qui précède, il résulte que, dans une association personne morale, les associés n'ont qu'un droit personnel et par suite mobilier. En conséquence, ce droit ne sera pas susceptible d'être hypothéqué conventionnellement et il ne sera pas grevé de plein droit des hypothèques légales du mineur et de la femme ma-

1. Fenet, t. XI, p. 45 et 46.

riée. De même, l'action tombera dans la communauté même si l'associé la possédait avant son mariage, même si, après le mariage, elle était donnée à titre gratuit à l'époux ; en un mot, elle suivra toutes les règles des meubles ; et ce n'est pas là un des moindres intérêts qu'il y ait à rechercher quelles sont les sociétés et associations douées de la personnalité morale.

Ainsi que nous le verrons dans notre quatrième partie, au moment où la société est dissoute, son caractère de personne morale disparaît, les associés deviennent copropriétaires et leur droit devient immobilier si l'actif de la société se compose d'immeubles. Mais à quel moment précis cette transformation du droit des associés se produit-elle ? La jurisprudence décide, d'une façon constante, que la société se survit, en quelque sorte, à elle-même pour les besoins de sa liquidation (1). Pendant ce temps, la personnalité morale subsiste. En résulte-t-il que le droit des associés continue à être mobilier? Certains auteurs le soutiennent et en particulier M. Laurent (2). La majorité des auteurs penche, au contraire, pour la négative (3). Les arrêts ne disent pas, en effet, que la société continue d'exister d'une façon absolue, mais seulement « qu'elle est considérée comme subsistante *pour les besoins de sa liquidation.* »

1. Bordeaux, 30 mars 1886. D, 86, 2, 284.
2. *Principes de Droit civil français.* V. n° 503.
3. Baudry-Lacantinerie. I. n° 1244.

T.4

Il est nécessaire, pour arriver à une prompte liquidation, que la société soit considérée fictivement comme une personne même après sa dissolution, qu'elle ait un représentant pour assigner, par exemple, un débiteur de la société ; mais en quoi le caractère mobilier ou immobilier du droit des associés pourrait-il rendre la liquidation plus facile ou plus difficile ; et n'est-il pas conforme à la jurisprudence de décider qu'immédiatement après la dissolution de la société, le droit des associés devient un droit réel, mobilier ou immobilier suivant la nature des biens de la société ?

§ 2. — *Droit de préférence accordé aux créanciers sociaux sur le patrimoine de la personne morale.*

La personne morale qui a son actif propre, a aussi son passif distinct du passif des associés. Les créanciers de l'association, personne juridique, n'auront, par conséquent, nullement à craindre le concours des créanciers des associés : eux seuls pourront saisir les biens sociaux et se faire payer sur le prix. A proprement parler, il n'y a pas là de droit de préférence ; c'est l'application pure et simple de cette règle de bon sens, contenue implicitement dans l'art. 2092, qu'un créancier, s'il peut poursuivre son paiement sur les biens de son débiteur, ne peut pas le poursuivre sur les biens d'un tiers : ici, le créancier d'un associé n'a rien à faire avec la société et les créanciers sociaux éviteront son concours sans avoir besoin d'invoquer un privilège quelconque.

A côté de cette règle, Pothier (1), indique la règle réciproque qui découle du même principe de la séparation entre les patrimoines des associés, d'une part, et celui de la société, d'autre part. « Le créancier de ce corps ne peut donc point exiger de chacun des particuliers de ce corps ce qui lui est dû par le corps. Il ne peut faire commandement qu'au corps, en la personne de son syndic ou procureur, et il ne peut saisir que les effets qui appartiennent au corps. » Il semblerait, en effet, logique et équitable, puisque les créanciers sociaux peuvent seuls se faire payer sur les biens de la société, d'accorder un privilège inverse aux créanciers des associés sur les biens de leurs débiteurs.

Le Code a cependant laissé de côté la règle de notre ancien droit et il décide que dans certaines associations qui sont incontestablement des personnes civiles (2), les associés sont tenus des dettes sociales dans une certaine mesure. Le législateur n'a pas entendu par là détruire la théorie de la personnalité civile, il a voulu, au contraire, augmenter le crédit des associations aux-

1. Titre VII, Des Personnes.
2. Sociétés en nom collectif et en commandite.

quelles s'applique la fiction légale : il a voulu rassurer les tiers en ajoutant au débiteur principal des débiteurs accessoires.

Nous sommes naturellement amenés à nous demander si ces débiteurs accessoires peuvent être poursuivis avant la discussion des biens de la société ou si les créanciers sociaux sont tenus de s'adresser d'abord au débiteur principal. Sur cette difficulté, les auteurs sont fort divisés ; mais la jurisprudence est muette, ce qui prouve que la question a une importance pratique fort secondaire.

Il semble bien difficile d'admettre que les créanciers puissent poursuivre les associés avant la discussion des biens sociaux : ce serait créer une solidarité et il faudrait un texte plus formel que l'art. 22 du Code de commerce pour nous permettre de décider que les associés sont tenus solidairement avec la société. Sans doute, l'art. 22 établit une solidarité, mais entre les associés et non entre les associés d'une part, et la société d'autre part ; c'est-à-dire qu'en cas d'insolvabilité de la société, les créanciers pourront s'adresser pour le tout à chacun des membres de la société.

MM. Lyon-Caen et Renault, tout en repoussant le système de la solidarité, ne demandent pas la discussion préalable des biens de la société et ils se contentent d'une simple mise en demeure adressée au gérant avant que les poursuites ne soient engagées contre les associés. Cette mise en demeure est une simple formalité que MM. Lyon-Caen et Renault exigent pour l'honneur des principes, et, en fait, la théorie de ces auteurs se confond avec celle de la solidarité que nous avons repoussée.

Quoi qu'il en soit, si le législateur n'a pas tiré de la séparation entre le patrimoine de la société et ceux des associés toutes les conséquences logiques que notre ancien droit en faisait découler, il n'en est pas moins vrai que les créanciers sociaux peuvent seuls se faire payer sur les biens de l'association quand elle est douée de la personnalité juridique.

Quand il s'agit, au contraire, d'une association simple réunion de copropriétaires, l'association n'est rien par elle-même, elle n'existe pas en dehors de ses membres ; elle n'a ni dettes ni créances ; les associés seuls ont des droits et sont tenus d'obligations. Par suite, les créanciers sociaux et les créanciers des associés sont une seule et même chose et il n'y a aucun motif de faire passer les uns avant les autres sur les biens de leurs débiteurs.

L'art. 2205 du Code civil signale cependant une différence importante entre ces deux classes de créanciers : Les créanciers personnels d'un associé qui peuvent faire saisir à tout moment les biens propres de leur débiteur ne peuvent faire saisir, avant le partage, ceux dont il est copropriétaire et qui appartiendraient à l'association si celle-ci pouvait avoir un droit quelconque. Les créanciers de l'association ne sont pas soumis à cette mesure restrictive.

Cette disposition de l'art. 2205 dérive de nécessités pratiques impérieuses. Que l'un des immeubles indivis eût été vendu pour payer les dettes de l'un des associés, et que plus tard, au moment du partage, cet immeuble fût tombé dans le lot d'un autre membre de l'association, l'art. 883 du Code civil se serait appliqué, l'immeuble vendu n'aurait jamais été la propriété de l'associé débiteur, c'est la chose d'autrui qui aurait été saisie et l'adjudicataire aurait été dépouillé. Pour toute garantie, celui-ci aurait eu un recours peut-être illusoire contre l'associé débiteur. Une telle perspective aurait certainement éloigné les acquéreurs de la barre du Tribunal, tout le monde y aurait perdu : et les créanciers, et le saisi, et l'adjudicataire. C'est ce qu'a voulu éviter la loi quand elle a édicté l'art. 2205. Le seul droit qu'elle ait laissé aux créanciers personnels d'un associé relativement aux immeubles communs, c'est d'assister au partage conformément à l'art. 882 et de le provoquer eux-mêmes par application des art. 815 et 1166 du Code civil combinés.

La disposition de l'art. 2205 ne s'applique pas aux créanciers de l'association ou, plus exactement, aux créanciers de tous les associés. En poursuivant leur paiement sur un bien quelconque de l'indivision, ils saisissent la propriété commune de tous leurs débiteurs et il n'y a plus à craindre l'application de l'art. 883.

SECTION II. — *Capacité des personnes morales en ce qui concerne les droits personnels.*

Les personnes morales ayant le droit de posséder un patrimoine, on doit leur permettre de l'augmenter au moyen des contrats qu'elles passent avec les tiers. De là suit qu'elles peuvent obliger les tiers envers elles-mêmes et, qu'elles peuvent, en revanche, s'obliger vis-à-vis des tiers.

Dans les dettes et créances de la personne morale, les associés ne sont pour rien et ce principe engendre des conséquences importantes au point de vue de la compensation.

La compensation est un mode d'extinction des obligations que la loi définit dans l'art. 1289 du Code civil : « Lorsque deux personnes se trouvent débitrices l'une envers l'autre, il s'opère entre elles une compensation qui éteint les deux dettes.... » La loi suppose deux dettes liquides et exigibles ; le débiteur de l'une est créancier de l'autre et réciproquement : les deux dettes s'éteignent complètement si elles sont d'égale valeur, pour partie si l'une est plus forte que l'autre.

Or, quand une personne morale se trouve créancière de Primus pour une certaine somme et que Primus, à son tour est créancier d'un associé pour une somme égale, les conditions de l'art. 1289 ne se trouvent plus remplies. Sans doute, Primus est à la fois créancier et débiteur, mais il faudrait que celui dont il est créancier et celui dont il est débiteur soient une seule et même personne, tandis qu'il est créancier d'un associé et débiteur de la société : l'associé et la société personne morale sont complètement séparés et par suite les deux dettes subsistent.

Cette conséquence a été tirée depuis bien longtemps de la séparation entre le patrimoine de la personne morale et celle des membres de l'association. Balde, dans son commentaire sur la loi 9 au Code *De compensat.*, suppose que plusieurs personnes veulent former une caisse commune : le caissier veut faire verser sa mise par l'un des associés ; celui-ci est créancier du caissier et il veut opposer la compensation. Le peut-il ? Balde répond : *Compensatio non procedit quia corpus societatis agit, non ille tanquam singularis persona et ideo quod debetur societati non compensatur cum uno ex sociis.*

Maintenant, que l'on suppose, au contraire, une association simple réunion de copropriétaires, les créances et les dettes se divisent de plein droit entre tous les associés (arg. art. 1220. C. C.) Si l'un des associés devient débiteur personnel du débiteur de la Société, il y aura compensation entre ce qui lui revient de la créance commune et ce qu'il doit lui-même au débiteur de l'indivision.

Les personnes morales ont donc le droit d'être créancières et débitrices ; mais si la loi a pu le leur concéder, il n'était pas en son pouvoir de faire que ces êtres fictifs, sans existence réelle, pussent eux-mêmes gérer leur patrimoine. On a fort justement comparé leur situation à celle des mineurs ; comme les mineurs, ils ont une capacité de droit générale, mais comme eux, ils sont incapables en fait et ils ne peuvent agir que par représentant.

Tantôt la loi détermine de quelle façon ce représentant sera nommé ; tantôt, au contraire, elle laisse à l'association le soin de choisir son mandataire comme elle l'entend. Lorsque le législateur croit devoir intervenir à ce sujet, c'est qu'il s'agit de personnes civiles d'une nature particulière et dont nous n'avons pas à nous occuper car elles ne constituent pas des associations : ce sont celles qui portent le nom d'*établissements publics* : l'Etat, les départements, les communes, les hospices, les fabriques, etc. On s'explique facilement que le législateur n'ait pas voulu laisser une liberté absolue aux particuliers dans des matières qui intéressent à un si haut degré l'ordre public.

Quelle que soit la façon dont le représentant de

l'association ait été nommé, il est un simple mandataire et toutes les règles applicables aux mandataires lui seront appliquées. Comme dans tout mandat, le représentant obligera la personne civile sans s'obliger lui-même, à moins qu'il ne s'agisse d'une société en nom collectif ou en commandite et qu'il n'en fasse partie, dans le dernier cas, en qualité de commandité (1). De même, la personne civile seule sera créancière à la suite des contrats passés par le gérant.

Ces décisions, qui sont incontestables dans le cas où la créance et la dette sont nées d'un contrat passé par le mandataire dans les limites de son mandat, peuvent-elles être étendues au cas où l'obligation est née d'un délit ou d'un quasi-délit ?

Si c'est la société qui a subi le préjudice de la part d'un particulier, il n'y a aucun doute qu'elle ne puisse exiger la réparation de ce préjudice comme toute autre personne.

Mais si c'est le gérant qui, à l'occasion d'un acte rentrant dans la limite de son mandat, a commis le délit ou le quasi-délit, la personne morale sera-t-elle tenue en vertu de l'art. 1382 du Code civil? M. Demolombe (2), MM. Aubry et Rau (3) et tous les auteurs se prononcent pour l'affirmative.

1. Nous nous sommes déjà expliqué sur cette particularité dans le § 2 de la section I de notre chapitre II.

2. *Des contrats et des oblig. convent. en général*, t. VIII, n° 637.

3. *Cours de droit civil français*, t. IV, p. 762.

Cette solution est parfaitement logique de la part des auteurs qui rendent le mandant responsable des fraudes commises par le mandataire dans l'exercice de ses fonctions (1). A vrai dire, le mandant n'est pas responsable des fraudes de son mandataire, en sa qualité de mandant, car il n'a pas donné mandat de commettre le délit, mais il est tenu à la suite de la faute personnelle qu'il a commise en choisissant un homme indigne à qui il a facilité ainsi la perpétration d'un délit dont un tiers a souffert.

SECTION III. — *De la capacité des personnes morales en ce qui concerne les Actions.*

Tous les droits que la loi a reconnus explicitement ou implicitement aux personnes morales resteraient lettre morte s'ils ne pouvaient être exercés en justice, s'ils ne pouvaient devenir des actions. La capacité pour les personnes juridiques d'être propriétaires ou créancières engendre forcément, à leur profit, la capacité d'ester en justice.

1. Guillouard. *Traité du mandat*, p. 500. Laurent, XXVIII, n° 54. Bordeaux, 13 mars, 90. D. 92, 2, 364.

Mais encore ici, comme dans la matière des contrats il faudra avoir recours à la représentation. Capable de droit, la personne morale est incapable de fait et il faudra qu'un gérant plaide pour elle.

La vieille règle *nul ne plaide en France par procureur* ne s'oppose nullement à ce que les plaideurs se fassent représenter en justice. Tout ce qu'elle signifie, c'est que le représentant ne peut pas plaider en son nom : elle ne proscrit donc nullement les mandataires *ad litem*, mais plutôt les autres représentants qui agissent pour le compte d'autrui et *en leur nom propre*, et dont on trouve un exemple en droit commercial sous le nom de commissionnaires.

Le représentant de la personne morale pourra donc intenter un procès pour elle ou y défendre pourvu qu'il désigne l'association qu'il représente. Il n'aura pas à indiquer le nom des associés : ce n'est pas pour eux qu'il agit.

En ce qui concerne les associations dépouvues de la personnalité civile, nous avons admis que les associés seuls ont des droits et nous avons reconnu aussi que la capacité de ces associés est celle de droit commun.

Par suite, chaque membre de l'association séparément aura la faculté d'intenter un procès ou d'y défendre pour sa part dans l'indivision. Tous les associés pourront plaider côte à côte et réclamer ensemble, ou plus exactement en même temps ce qui leur revient. Ils pourront, de même, être assignés tous à la fois. Bien entendu, les associés étant distincts les uns des autres seront assignés chacun à son domicile.

Si les associés le préfèrent, ils sont libres de se faire représenter au procès ; ils peuvent donner mandat tous au même individu, par exemple à celui qui gère les biens de l'association. De la sorte, en ne considérant que le point de vue extérieur, on pourrait confondre les associations personnes morales et les associations simples collections de copropriétaires ; en ce qui concerne leur procès tout semble se passer uniformément pour les unes et pour les autres, au moins si les associés ont donné mandat au même représentant. Mais, en faisant une analyse plus profonde, on voit clairement que dans un cas le mandataire représente la collectivité, tandis que dans l'autre, il représente des associés. Dans un cas, il n'est obligé d'indiquer que le nom de la société; dans l'autre il doit fournir les noms de tous les membres du groupe social.

TROISIÈME PARTIE

Comment s'acquiert la personnalité morale ?
Quelles sont les associations qui en jouissent ?

Après avoir indiqué les caractères de la personnalité juridique et ceux de la simple indivision, après avoir montré ainsi l'intérêt qu'il y a à distinguer une association personne morale d'une association réunion de copropriétaires, il convient de rechercher quelles sont les associations auxquelles on doit faire application des règles propres aux personnes morales, quelles sont celles qui seront soumises au régime de l'indivision.

Un premier point est d'abord incontestable : la personnalité civile est une fiction, elle confère à des corps sans existence réelle les avantages de la vie juridique. Seul le législateur a la puissance de créer cette fiction. Les questions de capacité sont d'ordre public et il est interdit aux parties de déroger par des conventions particulières à des règles qui touchent à l'ordre public.

Comment les particuliers qui ne peuvent ni augmenter ni diminuer la capacité d'êtres déjà existants et possédant la personnalité, pourraient-ils, par leur seule volonté, créer de toutes pièces une personne, comment pourraient-ils tirer du néant quelque chose qui n'existe pas et lui donner le pouvoir d'acquérir des droits ? Comme dit M. Laurent (1), il faut la puissance souveraine de la nation pour appeler à l'existence un être qui, avant cette déclaration de volonté, n'est rien.

D'un autre côté, cette solution à laquelle nous conduisent les principes, était commandée par l'utilité publique.

Comment les tiers sauraient-ils qu'ils ont affaire avec une personne morale ou avec une association ordinaire, s'il suffisait aux particuliers de vouloir, pour attribuer ainsi à leur société la personnalité civile ?

Mais ce n'est pas tout, et l'État lui-même courrait de sérieux dangers s'il ne surveillait pas la création et les progrès des personnes civiles : on aurait à craindre de voir se former de puissantes associations jouissant, à raison même de leur caractère fictif, d'une existence beaucoup plus longue que celle des personnes physiques. Peu à peu, les richesses de la nation entière se concentreraient entre leurs mains ; elles seraient retirées du commerce, pour le plus grand bien de ces corpora-

---

1. *Principes du Droit civil français*, t. I, p. 369.

tions, mais pour le plus grand mal de la Nation. A ce point de vue surtout, il fallait que le pouvoir central eût seul le droit d'apprécier l'utilité d'une association et l'opportunité de sa personnification.

Déjà sous l'ancien régime, les rois s'étaient aperçus du danger que faisaient courir au pays les corporations religieuses toujours envahissantes et en 1749, Louis XV, reprenant la pensée de ses prédécesseurs, rendit un édit en vertu duquel il défendait « qu'il ne pût être fait aucun nouvel établissement de chapitres, collèges, séminaires, maisons ou communautés religieuses, même sous prétexte d'hospices, congrégations, confréries, hôpitaux ou autres corps ou communautés soit ecclésiastiques séculières et régulières, soit laïques de quelque qualité qu'elles fussent, dans toute l'étendue du royaume, sinon en vertu de sa permission expresse » (1).

Le législateur révolutionnaire put seul triompher des associations religieuses, et la loi du 18 août 1792 les brisa. Le décret du 3 messidor de l'an XII fut rédigé dans le même esprit. Il est certain que notre législateur n'a pas voulu laisser à toutes les corporations indistinctement la personnalité civile et abandonner ainsi l'œuvre de nos rois terminée par la Révolution.

Tout le monde est aujourd'hui d'accord sur ce point que le législateur seul peut créer des personnes morales,

1. Merlin. V° *Mainmorte*.

et, si les canonistes ont soutenu que la personnalité appartient à tous les établissements que l'Église juge nécessaires, c'est qu'ils reconnaissent à l'Église le caractère d'État parfait jouissant d'un pouvoir législatif propre. Une pareille théorie ne mérite pas la réfutation indignée qu'en donne Laurent (1), car elle repose sur la négation même de tous les principes de notre droit public ; passant dans la pratique, elle ruinerait l'unité de la nation et anéantirait toute idée de pouvoir. Ses conséquences, comme son fondement, ne sauraient être pris au sérieux, et, comme le constate le jurisconsulte belge, jamais on n'a plaidé une semblable « hérésie » devant les tribunaux.

Après avoir posé le principe que la loi seule peut créer la personnalité civile, il nous reste à voir dans quels cas elle a usé de son droit. Nous reprendrons successivement, pour résoudre cette question, chacune des diverses associations que nous avons énumérées dans notre première partie et nous rechercherons quelle est la situation de chacune d'elles au point de vue qui nous occupe.

1. *Principes de Droit civil français*, t. I, p. 381.

CHAPITRE I.

La question de savoir si les sociétés de commerce
sont des personnes morales ne fait de difficulté pour personne. Déjà, au moyen âge, la personnalité de ces sociétés était admise par tous et Frémery (1) indique clairement comment on a été amené à leur reconnaître une
existence distincte de celle des associés. Tout d'abord,
le contrat de société était personnel aux associés, les
tiers n'en avaient pas connaissance, et tout se passait
comme dans notre·société en participation. Vers le XIIe
siècle, les commerçants en société prirent l'habitude de
donner mandat à l'un d'entre eux pour les représenter :
les associés étaient ainsi censés avoir participé au contrat consenti par leur mandataire et c'étaient eux qui devenaient directement créanciers ou débiteurs des tiers.
Pour porter ce mandat à la connaissance des tiers, le
mandataire signait du nom de la société et il parlait à

1. Etudes de Droit commercial, p. 30 et suiv.

la première personne du pluriel : « Nous avons... Nous disons.... etc. »

Pour arriver à la notion de société séparée de la personne des associés, il y avait encore un pas à franchir. Il ne suffisait pas que les associés fussent engagés envers les tiers, il fallait que la société se dégageât complètement de ses membres.

Peu à peu, les tiers prirent conscience de l'existence de la société ; grâce aux formules employées par les gérants, grâce aux lettres envoyées par ceux-ci aux autres commerçants, on commença, selon M. Fremery, à concevoir la société comme vivant de sa vie propre. De là à créer un privilège au profit des créanciers sociaux, il n'y avait pas loin : C'est la première manifestation de l'idée nouvelle de personnalité civile. Celle-ci avait fait ainsi irruption dans le domaine du Droit, suivant l'heureuse expression d'Ihéring (1). Peu à peu elle allait gagner du terrain et entraîner toutes les conséquences que nous avons étudiées dans notre seconde partie.

1. Ihéring, *Esprit du Droit romain*, III. 30 « Une idée abstraite, lorsqu'elle se produit pour la première fois, ne se montre qu'en un point isolé que l'on pourrait nommer son point d'irruption historique ; elle conserve un sens étroit et n'acquiert que lentement l'importance qui lui appartient d'après sa nature spéciale... Les idées ne prennent pied dans la réalité, à l'origine, que timides, discrètes, se contentant d'un domaine restreint.... »

Beaucoup d'auteurs se séparent de Frémery et ils pensent que les sociétés étaient des personnes morales à Rome et que la pratique du moyen âge n'a rien eu à inventer de nouveau.

Quoi qu'il en soit, que les sociétés aient possédé ou non la personnalité morale en droit romain, il est certain qu'au moyen âge, les sociétés de commerce étaient considérées comme ayant une existence propre.

Notre code n'a certainement pas eu l'intention d'innover sur ce point : la concession de la personnalité civile aux sociétés commerciales favorise singulièrement le commerce, et elle ne présente aucun danger pour l'État. Comme nous l'avons déjà remarqué, le législateur ne se méfie pas des hommes qui se réunissent uniquement pour travailler et réaliser des bénéfices : loin d'ébranler l'ordre social, les commerçants en sont les fermes soutiens et le code devait favoriser leurs associations en leur conservant la personnalité civile que l'ancien droit leur avait déjà accordée.

Tout le monde admet que les sociétés de commerce jouissent de l'existence juridique par le seul effet de la loi. Ce n'est pas que le Code civil ou le code de commerce aient tranché formellement la question, mais ils édictent certaines règles qui seraient inexplicables si le législateur n'avait admis la personnalité de nos sociétés et n'avait voulu en tirer des conséquences. Du reste, ce n'est pas la première fois que la loi laisse le principe général dans l'ombre pour statuer sur des cas particuliers : c'est alors à l'interprète qu'il appartient de rétablir la règle générale à l'aide des solutions de détail données par la loi, et ensuite d'en déduire toutes les conséquences logiques.

L'article à l'aide duquel l'on induit que les sociétés de commerce possèdent de plein droit la personnalité morale est l'art. 529 du code civil.

Nous nous sommes déjà occupé de l'art. 529 dans notre seconde partie, quand nous cherchions à déterminer la nature du droit des associés. Nous avons vu comment, en vertu de l'article précité, les associés ont un droit purement mobilier quoique la société ne comprenne que des immeubles, et nous avons expliqué cette décision de la loi en disant, contrairement à ce que pensent Toullier et M. Beudant, que le droit des associés est un simple droit de créance, tandis que la propriété repose sur la tête de la société. Cette théorie nous a ainsi amené à reconnaître que la société est capable d'être propriétaire et est, par suite, une personne juridique.

Il nous suffira maintenant de remarquer que l'art. 529 donne la solution que nous venons de rappeler, relativement aux droits des associés dans les compagnies de finance, de commerce ou d'industrie et nous aurons ainsi prouvé que ces compagnies de finance, de commerce ou d'industrie sont des personnes morales.

Est-ce à dire que toutes les sociétés commerciales soient des personnes civiles ? La question a été autrefois controversée et la jurisprudence a d'abord hésité. Quelques arrêts se sont prononcés pour l'affirmative (1). Mais depuis un demi-siècle, les tribunaux considèrent d'une façon constante que les sociétés en participation ne jouissent pas de la personnalité. Cette jurisprudence est approuvée par tous les auteurs.

Par définition même, les sociétés en participation sont inconnues des tiers. Le gérant seul est créancier ou débiteur à la suite des engagements qu'il a contractés. Le contrat de société n'est opposable que par les associés à l'égard les uns des autres.

Quel avantage une telle société pourrait-elle retirer de la personnalité civile ? La notion de personnalité est-elle même compatible avec celle de la société en participation ? La personnalité a pour effet de rendre la société titulaire de droits ; or les droits, par essence, sont opposables aux tiers : sans cela, ils n'auraient plus d'utilité, ils ne seraient plus des droits. Mais la société en participation n'a rien à faire avec les tiers ; ceux-ci ne la connaissent pas plus qu'elle ne peut les connaître ; par suite, elle ne peut pas être titulaire de droits ou être grevée de dettes, ce qui prouve qu'elle ne jouit pas de la personnalité civile (2).

1. Paris, 9 août 1831, S. 31, 2, 29 ; Bordeaux 2 août 1832, S. 32, 2, 103.

2. Cass. 19 mars 1838, S. 38, 1, 343 ; Cass. 13 avril 1864, S.

En ce qui concerne les effets de la personnalité des sociétés de commerce, nous pensons qu'il faut appliquer purement et simplement les règles que nous avons essayé de poser dans notre seconde partie ; par suite, nous reconnaissons aux sociétés commerciales en nom collectif, en commandite et anonymes la capacité la plus générale, car nulle part la loi n'y a apporté de restrictions à leur égard.

Cependant, des auteurs considérables prétendent que les sociétés de commerce n'ont pas le droit de bénéficier de dispositions à titre gratuit. Entre autres M. Labbé soutient cette thèse dans une note publiée dans Sirey sous un arrêt de la Cour de Paris du 25 mars 1881 (1).

D'après M. Labbé, et contrairement à ce que la Cour de Paris a jugé par l'arrêt de 1881, l'art. 910 créerait une faveur spéciale aux établissements publics et d'utilité publique, de telle sorte que les autres personnes civiles ne pourraient pas recevoir à titre gratuit. Le savant professeur de la Faculté de Droit de Paris invoque d'abord, les arguments généraux de M. Laurent tendant à démontrer que la personnalité civile

64, 1, 173 ; Cass. 19 février 1868, S. 68, 1, 297 ; Aix, 25 mai 1871, S. 71, 2, 261.

1. Paris, 25 mars 1881, S., 81, 2, 249.

n'est pas un bloc, accordé de la même façon, à toutes les associations qui en sont douées. Nous avons déjà réfuté la théorie du jurisconsulte belge et nous n'avons pas admis que la loi ait considéré, en principe, les personnes morales comme incapables (1).

Laissant de côté ces arguments généraux sur lesquels nous n'avons pas à revenir, M. Labbé s'occupe spécialement des sociétés de commerce et essaie de prouver que les principes s'opposent à ce qu'elles puissent recevoir à titre gratuit, même si l'on reconnaît, en règle générale, la pleine capacité des personnes civiles.

Il constate d'abord la différence profonde qui sépare les établissements publics et d'utilité publique, d'une part, des autres personnes morales, d'autre part : tandis que les premières ont une véritable existence indépendante, les autres ne sont qu'une fiction temporaire dissimulant les véritables intéressés, les associés. Quand on fait une donation ou un legs aux personnes morales dont parle l'art. 910, ce sont véritablement ces personnes morales (établissements publics ou d'utilité publique) qui en profitent. Au contraire, si le donataire ou légataire est une société de commerce, la donation ou le legs ne fait que passer sur la tête de la société et plus tard les associés en partagent le montant (2). Par suite, la société, joue le rôle de personne interpo-

1. V. le chapitre II, de notre IIe Partie, *in principio*.
2. Voir quatrième partie.

sée entre le disposant et les associés, et la libéralité est nulle.

Une première observation nous paraît hors de doute : lors même que la donation serait faite à personne interposée elle serait valable si le donataire véritable était capable. La loi n'annule, en effet, la libéralité faite à personne interposée que si elle est adressée en réalité à un incapable (arg. art. 911).

Bien plus, peut-on dire réellement que la société de commerce soit une personne interposée, faut-il, par conséquent, avant de valider ou d'annuler une libéralité faite à la société, se demander si tous les associés sont capables ou non de la recevoir ? Nous ne le croyons pas. Sans doute, ce sont les associés qui, plus tard, profiteront de la donation ou du legs faits à la société, mais est-ce que chose pareille ne se passe pas dans tous les cas ? Est-ce que, dans toute donation, il ne peut pas y avoir un tiers qui soit appelé à profiter plus tard de la générosité du donateur ? Mais à la mort de tout donataire, un héritier vient prendre dans la succession du défunt l'objet donné ; et quoique cet héritier, au moment de la donation, soit incapable de la recevoir lui-même, la libéralité n'en est pas moins valable.

Sans doute, on va objecter que l'art. 911 2e al. crée une présomption d'interposition de personnes et annule la donation faite au père ou au fils d'un incapable de recevoir à titre gratuit. On va dire que le législateur a voulu éviter qu'un héritier incapable ne recueillit dans la succession du donataire l'objet qu'il ne pouvait recevoir directement à titre de donation. On va conclure que, dans le cas qui nous occupe, l'associé est aussi héritier présomptif de l'association donataire et que, si le premier est incapable de recevoir à titre gratuit, la donation faite à la seconde est nulle.

A cette objection, nous ferons deux réponses : 1° Il ne faut pas étendre les présomptions légales et, sous prétexte que le père ou le fils d'un incapable de recevoir une donation ou un legs deviennent aussi incapables, il ne faut pas en conclure que la société ne peut acquérir à titre lucratif dans le cas où l'un des associés est lui-même frappé de cette incapacité. En effet, entre la société et ses membres il n'y a pas de rapport de filiation et cela suffit pour que l'art. 911 soit écarté. 2° Lors même qu'il serait permis, en matière de présomptions, de rechercher l'intention du législateur et d'étendre les dispositions qu'il a édictées pour certains cas à des cas voisins, nous croyons qu'il n'y aurait pas à appliquer l'art. 911, 2e al., aux donations faites à des sociétés de commerce. Le législateur, en écrivant l'art. 911, n'a pas craint qu'un héritier vînt prendre dans la succession du donataire les biens qui ne pouvaient pas lui être donnés ; il a voulu éviter que, immédiatement après la donation, la personne interposée ne fît passer au véritable gratifié ce que celui-ci ne pouvait recevoir. Et ce qui prouve que c'est bien là la pensée de la loi, c'est que l'art. 911 annule la donation adressée à l'époux d'un incapable. Cependant l'époux est bien loin d'être héritier présomptif de son conjoint, et le législateur en établissant la présomption d'interposition de personnes ne se préoccupait certainement pas des dispositions qui appellent l'incapable à la succession du donataire apparent. Cela étant posé, pour la question qui nous occupe, il importe bien peu que les associés viennent au moment de la dissolution recueillir le patrimoine de la société et, par conséquent, les biens qui lui ont été donnés.

La solution à laquelle nous sommes conduit, c'est que les sociétés de commerce sont incontestablement capables d'acquérir à titre gratuit si tous leurs membres sont doués de la même capacité ; nous admettons de même quoiqu'il y ait plus de difficulté, que, si les associés sont incapables, les sociétés ne peuvent pas être considérées comme personnes interposées et que les donations à elles adressées sont encore valables.

En tout ceci, nous ne faisons qu'appliquer le principe de la capacité générale des personnes civiles.

CHAPITRE II

SITUATION DES SOCIÉTÉS CIVILES AU POINT DE VUE DE LA PERSONNALITÉ MORALE.

La question de savoir si les sociétés civiles possèdent la personnalité, ne ferait de difficulté pour personne s'il s'agissait de faire de nouveau la loi. Tout le monde est d'accord pour reconnaître qu'entre les sociétés de commerce et les sociétés civiles, il n'y a aucune différence qui puisse faire accorder aux unes et refuser aux autres le bénéfice de l'existence juridique. La personnalité favoriserait le développement des sociétés civiles comme elle favorise celui des sociétés de commerce. Au contraire, le principe de l'indivision engendrerait des conséquences néfastes, et, pour n'en citer qu'une, il serait déplorable pour le crédit d'une grande société civile, comme celle du canal de Panama, par exemple, que tous les immeubles de la société fussent grevés de l'hypothèque légale des femmes et pupilles de tous les associés.

La question n'est donc pas de rechercher quelle serait la solution la plus avantageuse, mais de savoir quel est le système admis par la loi.

Les auteurs se prononcent en général contre la personnalité des sociétés civiles ; la jurisprudence, au contraire, a admis catégoriquement cette personnalité dans un arrêt du 23 février 1891 (1). Jusqu'à cette époque, la Cour de cassation avait évité de prendre ouvertement parti, et elle résolvait tous les procès dans lesquels la personnalité juridique des sociétés civiles pouvait avoir de l'importance, à l'aide de considérations secondaires. L'arrêt de 1891 tranche définitivement la question et ne laisse plus subsister aucun doute. « Attendu, dit-il, qu'il est de l'essence des sociétés civiles, aussi bien que des sociétés commerciales, de créer, au profit de l'individualité collective, des intérêts et des droits propres et distincts des intérêts et des droits de chacun de ses membres, que les sociétés civiles constituent, tant qu'elles durent, une personne morale, laquelle est propriétaire du fonds social » (2).

Avant de développer, en faveur de sa thèse, les arguments tirés du Code civil, M. Troplong présente un argument historique, et il prétend que les juriscon-

---

1. Cass. 23 fév. 1891. D. 91, 1, 337.

2. Dans le même sens : Troplong, Pardessus, Duvergier. — En sens contraire : Guillouard, Aubry et Rau, Baudry-Lacantinerie, Colmet de Santerre, Pont, Lyon-Caen et Renaud, etc., etc.

sultes romains avaient déjà admis la personnalité des sociétés. Il invoque en ce sens les lois 22 D., *De fidejussoribus et mandatoribus*, XXXXVI. 1, 3, § 4. D., *De bonorum possessionibus*, XXXVII, 1, enfin et surtout la loi 64, § 14, D., *Pro Socio*, XVII, 2.

Florentinus, dans la première de ces lois, assimile les sociétés aux municipes, hérédités jacentes et autres personnes morales : « *Mortuo reo promittendi et ante aditam hereditatem fidejussor accipi potest, quia hereditas personæ vice fungitur, sicut municipium et decuria et societas.* » Et à son tour, Ulpien, dans la loi 3, § 4, D., XXXVII, 1, fait la même assimilation : « *A municipibus et societatibus et decuriis et corporibus bonorum possessio agnosci potest.* » Quand les jurisconsultes romains indiquent une conséquence de la personnalité morale, ils ne manquent pas de faire remarquer que les sociétés, les municipes, etc., sont soumis à la règle dont ils s'occupent.

Quant à la loi 65, § 14, *Pro Socio*, elle prescrit à l'associé qui a des droits contre la société de les faire valoir, non contre chacun de ses coassociés, mais contre celui qui tient la caisse. Conclusion : les associés ne sont pas copropriétaires par indivis ; les droits et obligations reposent uniquement sur la tête de la société, personne civile représentée par le caissier.

La majorité des auteurs ne s'est pas laissé toucher par ces considérations, et on admet très généralement qu'à Rome les sociétés possédaient la personnalité, mais dans des cas très rares, lorsqu'une loi, un sénatusconsulte ou une constitution impériale leur avait accordé ce privilège. Certains auteurs vont même plus loin, et ils pensent que les Romains n'ont jamais eu la notion de personnalité civile ; cette idée, selon eux, n'aurait apparu qu'au moyen âge, ainsi que le développe Frémery dans ses *Etudes de droit commercial* (1).

On se débarrasse des lois 22 au Digeste, XXXXVI, 1 et 3 § 4 D. XXXVII, 1, en remarquant que ces lois, si elles assimilent les sociétés aux autres personnes morales, sous-entendent que l'assimilation existe seulement dans les cas exceptionnels où les sociétés jouissent de la personnalité. Quand les sociétés sont-elles personnes morales ? C'est ce que ces textes ne disent pas.

Quant à la loi 64 § 14, D. *Pro Socio*, elle s'expliquerait simplement au moyen de l'idée de mandat : le caissier ne serait que le mandataire de tous les associés et, au lieu de s'adresser à chacun des associés, il serait plus simple de s'adresser au gérant qui les représente tous.

Après avoir ainsi essayé de réfuter la théorie de Troplong, les auteurs fortifient leur argumentation à l'aide d'autres textes.

1. La théorie de **Frémery** a été reprise par **Max** Kohn.

Dans la loi 13 § 1, D. *De prescriptis verbis* XIX, 5, le jurisconsulte Ulpien constate qu'en entrant dans une société, l'associé ne cesse pas d'être propriétaire de son apport *nemo contrahendo societatem rei suæ dominus esse desinit.* Si la société avait été une personne morale, elle seule aurait été propriétaire et les associés n'auraient plus eu aucun droit réel sur leur apport.

De même, la loi de Gaius, 1, D. *Quod cujuscumque universitatis nomine vel contra eam agatur.* III, 4, fournit un argument qui paraît décisif en faveur de la thèse de la majorité. Cette loi est ainsi conçue : *Neque societas, neque collegium, neque hujusmodi corpus passim omnibus habere conceditur : nam et legibus et senatus consultis et principalibus constitutionibus ea res coercetur. Paucis admodum in causis concessa sunt hujus modi corpora : ut ecce, vectigalium publicorum sociis permissum est corpus habere, vel aurifodinarum, vel argentifodinarum et salinarum. Item collegia Romæ certa sunt, quorum corpus senatus consultis atque constitutionibus principalibus confirmatum est, veluti pistorum et quorumdam aliorum, et naviculariorum, qui et in provinciis sunt.* De ce texte, il semble bien résulter que la personnalité civile est accordée spécialement à certaines sociétés ; le législateur, ajoute Gaïus, est même fort parcimonieux de cette faveur. Les particuliers, s'ils peuvent créer librement des sociétés, puisque le contrat de société est un contrat consensuel, ne peuvent pas donner à leurs sociétés la personnalité juridique, car c'est là une prérogative qui appartient uniquement à la loi.

L'argumentation tirée de ces deux textes paraît bien solide, tandis que, par un constraste frappant, la réfutation proprement dite des arguments de M. Troplong est singulièrement faible. Les lois 22, D. *De fidejussoribus et mandatoribus et* 3 § 4, *De bonorum possessionibus*, sont fort larges, pourquoi y introduire un sous-entendu? Il s'agit de savoir si ce sous-entendu existe, il faudrait le prouver, et ne pas se borner à affirmer la proposition que l'on défend.

Quant à la réfutation de l'argument tiré par Troplong de la loi 65 § 14, *Pro Socio*, elle n'est pas elle non plus exempte de faiblesse. Sans doute, il est plus facile pour le créancier de plusieurs copropriétaires par indivis de s'adresser à leur mandataire commun et de faire ainsi une seule demande ; mais si le créancier préfère poursuivre chacun des associés, il le peut. Or, Paul ne se contente pas de donner un conseil au créancier, il lui donne un ordre ; il n'indique pas une faculté, mais une obligation pour lui. Dès lors, peut-on dire que ces associés que l'on ne peut pas poursuivre pour leur part et portion soient des copropriétaires par indivis, et l'argument que l'on tire de la loi 65 ne conserve-t-il pas toute sa force?

Nous nous trouvons donc en présence de deux théories fondées l'une et l'autre sur des textes qui paraissent concluants. Les lois invoquées par M. Troplong restent debout et militent en faveur de la personnalité des sociétés; les textes d'Ulpien et de Gaïus sont en sens contraire. Il est difficile de prendre parti soit dans un sens, soit dans l'autre, aussi, nous contentons-nous d'avoir signalé cette question. Sa solution ne nous fournirait, d'ailleurs, qu'un argument historique bien faible à côté de ceux que l'on peut tirer du Code civil et à l'aide desquels nous essaierons de rechercher si, en France, les sociétés civiles sont des personnes juridiques.

Dans l'ancien droit, nous trouvons les auteurs divisés sur la question qui nous occupe, comme l'étaient les jurisconsultes du Digeste : les uns admettent des conséquences évidentes de la personnalité civile, tandis que l'opinion des autres serait inexplicable s'ils ne considéraient pas les sociétés civiles comme formant de simples indivisions.

Balde se pose la question suivante : plusieurs personnes veulent faire une caisse commune ; le caissier est débiteur de l'un des associés ; la compensation peut-elle être opposée par cet associé au moment où le caissier lui réclame sa mise ? Balde, tirant une conséquence de la personnalité des sociétés, répond : *Compensatio non procedit quia corpus societatis agit, non ille tanquam singularis persona et ideo quod debetur societati non compensatur cum uno ex sociis.*

De même, Guy Coquille, parlant des associations agricoles du Nivernais, conclut : *Par ces arguments, se peut connaître que ces communautés sont vraies familles et collèges qui, par considération de l'intellect, sont comme un corps composé de plusieurs membres bien que ces membres soient séparés l'un de l'autre, mais par fraternité, amitié et liaison économique font un seul corps.*

Enfin, le Tribunal d'Appel de Rouen, imbu des principes de l'ancien droit, au moment où le projet du Code civil lui fut présenté, réclama que le principe de la personnalité fût énoncé au titre de la société. « Nous observerons au surplus, qu'on a omis l'un des premiers principes qui dérivent de la nature des sociétés. Ce principe est que la société forme une personne fictive et morale, séparée des associés et qu'en conséquence, on ne peut saisir les immeubles ou les fonds de la société pour la dette personnelle d'un des associés, lorsque la société est légale et authentiquement constante » (1).

En sens contraire, Pothier au § 3 du contrat de société, décide formellement que, si plusieurs associés mettent en société certains objets, ces objets deviennent

---

1. Fenet : Observations des tribunaux d'Appel. III, p. 544.

communs. Au § 89, il admet « qu'un associé ne peut engager ni aliéner les choses dépendantes de la société, si ce n'est pour la part qu'il y a. » Si Pothier avait considéré la société comme une personne morale, il aurait décidé que les associés n'ont aucun droit sur les biens de la société, que ces biens appartiennent exclusivement à l'être fictif et que l'un de ses membres ne peut les aliéner pour une part quelconque.

Enfin, au § 179 du même traité, Pothier, s'occupant de l'effet rétroactif du partage, considère que la propriété des objets qui tombent dans le lot d'un associé repose sur la tête de cet associé depuis le jour où l'indivision a commencé et il ajoute : « c'est-à-dire depuis le jour du contrat. » Si, dans l'esprit du jurisconsulte, la société était une personne civile, jusqu'à sa dissolution, les associés n'auraient aucun droit sur les biens sociaux, l'indivision ne commencerait qu'à la dissolution de la société et le partage ne rétroagirait que jusqu'à ce moment (1).

En somme, de l'ancien droit, comme du droit romain, nous ne pouvons tirer aucun argument certain établis-

---

1. Dans le même sens que Pothier, on peut citer : Domat, *Droit public*, I. 5. sect. 1, nº 1. Ferrière, *Dictionnaire de droit et de pratique*, vº *Communauté*.

sant qu'avant le Code, la personnalité fût accordée ou refusée aux sociétés. C'est dans le Code lui-même qu'il nous faut chercher les éléments d'appréciation qui nous permettront d'élucider la question que nous nous sommes posée.

Les auteurs qui se prononcent pour la personnalité des sociétés, avec M. Troplong à leur tête, invoquent d'abord une série d'articles du Code civil dans lesquels la société est opposée aux associés. Les art. 1845, 1846, 1847, 1850, 1851, 1852, 1859, 2ᵉ al. s'occupent de la société débitrice, créancière, propriétaire et ils semblent bien, en lui reconnaissant des droits et des obligations, la considérer comme un être distinct de ses membres et douée de la personnalité juridique.

Quoique le système de M. Troplong et de la jurisprudence ait nos préférences, nous reconnaissons volontiers que ce premier argument à lui seul serait insuffisant pour prouver la personnalité des sociétés civiles. Comme le font remarquer MM. Guillouard, Aubry et Rau, Pont, Baudry-Lacantinerie, Lyon-Caen et Renault, etc., il se peut que le législateur se soit servi du mot Société comme d'une expression commode pour désigner tous les associés quant à leurs intérêts communs. Même quand il s'agit d'associations dépourvues certainement de la personnalité civile, on est conduit naturellement à parler de l'association, de son patrimoine, de ses créances et de ses dettes, pour désigner le patrimoine commun, les créances et les dettes des copropriétaires par indivis. Pothier lui-même, qui considère la société civile comme une simple réunion de copropriétaires, emploie souvent les expressions dont les partisans de la personnalité morale prétendent tirer un argument en faveur de leur thèse.

Au contraire, l'argument que l'on tire de l'art. 1849, en faveur de la personnalité des sociétés civiles, nous semble infiniment plus sérieux. « Lorsqu'un des associés, dit l'article, a reçu sa part entière de la créance commune, et que le débiteur est depuis devenu insolvable, cet associé est tenu de rapporter à la masse commune ce qu'il a reçu, encore qu'il eût spécialement donné quittance pour sa part. » Si la société était une simple indivision, comment pourrait-on faire restituer par un associé ce qui lui a été justement payé ? S'il n'y avait pas un être fictif véritablement créancier, chacun des membres de la société serait titulaire d'une partie de la créance et comment pourrait-on intenter contre celui qui a été payé de ce qui lui était dû cette *condictio indebiti ?* Tout cela qui est inexplicable avec la théorie de la majorité des auteurs devient au contraire fort clair, si l'on admet que la société civile est une personne morale : l'associé a touché ce qui ne lui revenait pas, il n'était pas créancier ; seul l'être fictif avait des droits et il y a lieu à *condictio indebiti.*

Il est vrai qu'on a cherché à l'art. 1849 une autre

interprétation. Cet article ne supposerait pas la personnalité civile de la société, et toute l'argumentation qui sert de fondement à la théorie que nous avons adoptée tomberait. Le législateur, dit-on, ne s'est préoccupé que de l'équité : il a craint que l'un des associés ne sacrifiât les intérêts de ses coassociés aux siens propres ; il a considéré comme contraire au *jus fraternitatis* qui doit présider aux rapports des associés entre eux, le fait par un des membres de la société de réclamer sa créance tandis que les autres ne reçoivent aucun paiement.

Si cette interprétation était vraie, le législateur, en s'éloignant des principes, n'aurait rien gagné même au point de vue de l'équité : l'un des associés vigilants a poursuivi le débiteur et reçu ce qui lui revenait et uniquement ce qu'il pouvait réclamer, ses coassociés ont été négligents, ils ont laissé le débiteur tomber en faillite ou en déconfiture ; c'est l'associé vigilant qui va subir les conséquences de la négligence ou de la mauvaise volonté de ses coassociés. Et c'est pour en arriver à ce résultat que le législateur aurait foulé aux pieds les principes les plus sûrs de notre droit, qu'il aurait empêché un créancier (puisque, d'après nos adversaires, les associés copropriétaires sont créanciers) de toucher ce qui lui est dû et de le garder ! Si le législateur ne s'était préoccupé que de l'équité, il aurait bien manqué son but, aussi nous devons considérer l'art. 1849 comme découlant du libre jeu des principes et toute notre argumentation reste debout : la loi a admis la personnalité des sociétés civiles.

L'art. 1860 conduit au même résultat d'une façon aussi rigoureuse. Un associé ne peut engager ni aliéner, même pour sa part, les choses même mobilières qui dépendent de la société. Le texte de l'art. 1860 paraît encore plus concluant quand on le rapproche de la décision de Pothier à ce sujet.

Pothier qui considérait la société comme une simple réunion de copropriétaires, décidait fort logiquement que chacun de ces copropriétaires avait le droit d'aliéner sa part dans la société. Notre législateur a abandonné la conséquence, comment soutenir qu'il a voulu conserver le principe de Pothier ? Aujourd'hui, l'associé ne peut plus aliéner, ne peut plus engager même sa part, et, s'il est encore propriétaire, comme le soutient la majorité des auteurs, il faut avouer qu'il a une bien étrange propriété. Pourquoi ne pas admettre plutôt que le propriétaire des biens sociaux est la société, être fictif, et que l'art. 1860 est une pure application de l'art. 1599 du Code civil « nul ne peut aliéner la chose d'autrui. »

Enfin, l'art. 53 de la loi du 24 juillet 1867 sur les sociétés fournit, en faveur de notre thèse, un dernier et puissant argument. Cet article s'occupe des sociétés à capital variable et il décide qu'elles sont valablement représentées en justice par leurs administrateurs : c'est là un privilège dont jouissent seules les personnes morales, ainsi que nous l'avons vu dans notre deuxième partie. Or, les sociétés civiles peuvent être à capital variable (1), aussi bien que les sociétés commerciales et, par suite, elles sont, comme celles-ci, des personnes civiles.

Aux inductions que fournissent les art. 1849, 1860 du Code civil et 53 de la loi du 24 juillet 1867, en faveur de la personnalité morale des sociétés civiles, on répond en citant deux articles qui, d'après la majorité des auteurs, seraient en contradiction absolue avec le système que nous soutenons.

En premier lieu, c'est l'art. 69, 6° du Code de procédure civile ainsi conçu : « Seront assignés...... 6° les sociétés de commerce tant qu'elles existent, en leur maison sociale et, s'il n'y a pas de maison sociale, en la personne ou au domicile de l'un des associés. » C'est, disent les adversaires de notre système, parce que les sociétés de commerce sont des personnes morales, qu'on peut les assigner dans leurs maisons sociales ; si elles étaient de simples indivisions, il faudrait assigner chaque associé à son domicile. Or, continuent-ils, l'art. 69 6° ne s'occupe que des sociétés de commerce, les sociétés civiles ne bénéficient pas de la disposition

1. V. Ire partie. Chap. I.

de l'article, et cela, parce que le motif manque, parce qu'elles ne sont pas des personnes morales.

Ce raisonnement perd beaucoup de sa force si l'on remarque qu'il s'agit d'un argument *a contrario*. Mais ce n'est pas tout, et les travaux préparatoires prouvent d'une façon certaine que l'art. 69 6° doit s'interpréter sans recourir à la notion de personnalité civile. En effet, dans le projet primitif, le texte était ainsi rédigé : « Seront assignés...... les associés et intéressés dans une maison de commerce (1), etc. » Par une erreur manifeste que le tribunat a fait rectifier, cn n'assignait pas la société mais les associés : le législateur avait oublié que les sociétés de commerce sont des personnes morales, il les traitait comme de simples indivisions et cependant, il faisait remettre la copie de l'exploit d'ajournement dans la maison sociale. Le législateur en écrivant l'art. 69 6° ne voulait pas tirer une conséquence de la personnalité des sociétés commerciales, il voulait seulement appliquer les règles de droit commun sur le domicile, écrites dans l'art. 102. Il remarquait que lorsque plusieurs personnes se réunissent pour faire le commerce, il y a une boutique où le public vient acheter les marchandises qui font l'objet du commerce de la société ; cette boutique, cette maison sociale, la loi a considéré qu'elle constitue le

---

1. Locré, t. XXI, p. 119.

principal établissement des associés ; c'est pourquoi elle a décidé, conformément aux règles ordinaires, que l'assignation destinée aux membres de l'association doit leur être remise dans leur domicile ainsi déterminé.

En tous cas, si le motif de la disposition de l'art. 69 n'est pas celui que nous proposons, il ne faut certainement pas le chercher dans la qualité de personnes morales attibuée aux sociétés de commerce ; la rédaction primitive de l'article montre clairement que, dans l'esprit du législateur de 1804, la détermination du lieu où l'assignation doit être signifiée était indépendante de la personnalité des sociétés de commerce. Par suite de ce que la disposition de l'art. 69, 6° n'est pas étendue aux sociétés civiles, on ne peut donc pas conclure que celles-ci soient dépourvues de toute existence juridique.

Une dernière objection est faite à notre système : elle trouve son fondement dans l'art. 529 du Code civil ainsi conçu : « Sont meubles par la détermination de la loi....... les actions ou intérêts dans les compagnies de finances, de commerce ou d'industrie. » Nous avons déjà eu à nous occuper de l'art. 529 au début de notre deuxième partie et nous avons essayé de démontrer que cet article est une conséquence immédiate de la personnalité civile des sociétés dont il s'occupe.

De ce texte, comme de l'art. 69 6° du Code de procédure civile, on tire un argument *a contrario* et on dit : l'art. 529 ne s'occupe que des sociétés de commerce, les sociétés civiles ne bénéficient pas de sa disposition et puisque le législateur leur refuse une conséquence de la personnalité juridique, c'est que cette personnalité leur fait défaut.

Outre la faiblesse commune à tous les arguments *a contrario*, ce raisonnement contient une véritable pétition de principe. Il faudrait démontrer tout d'abord que l'art. 529 ne s'applique qu'aux sociétés de commerce, et cette preuve nous semble fort difficile à faire en présence des termes de la loi.

L'article ne se borne pas, en effet, à parler des sociétés de commerce ; il s'applique aux compagnies de finance, de commerce ou d'industrie. Or, il n'est pas douteux que certaines compagnies de finance et surtout d'industrie ne soient des sociétés civiles. La loi, dans l'art. 529, a voulu exprimer une règle s'appliquant à toutes les sociétés indistinctement, car il est difficile de concevoir comment une société pourrait réaliser des bénéfices sans être ni financière, ni commerciale, ni industrielle.

D'ailleurs, la loi du 21 avril 1810, dans son art. 8, donne de l'art. 529 une interprétation conforme à la nôtre. Elle décide que dans une société minière qui est, de l'aveu de tous, une société civile, les intérêts et actions sont mobiliers. Les adversaires de notre système essaient encore de se débarrasser de ce puissant argument et ils disent : puisqu'une loi a cru devoir donner le caractère mobilier aux actions dans les sociétés minières, c'est qu'en principe, ce caractère n'appartient pas aux actions dans les autres sociétés civiles. « Du moment qu'on a cru nécessaire de mettre une disposition expresse dans la loi pour étendre l'application de l'art. 529 aux sociétés de mines, cela ne démontre-t-il pas qu'en principe, cet article ne concerne pas les sociétés civiles ? » (1).

L'art. 8 de la loi du 21 avril 1810 répond lui-même à cette objection. Il suffit de le lire en entier pour voir qu'il fait l'application d'un principe au lieu de constituer une exception à une prétendue règle générale contraire. Les derniers mots de l'art. 8 sont en effet : « conformément à l'art. 529 du Code Napoléon. » Par suite de cette interprétation législative, il est certain que, même avant la loi de 1810, l'art. 529 s'appliquait aux sociétés de mines et à toutes les autres sociétés civiles.

Nous avons déjà démontré que cet art. 529 est une conséquence de la personnalité morale ; par conséquent les sociétés civiles auxquelles il s'applique sont douées de cette personnalité.

---

1. Cassagnade. Thèse de doctorat, p. 190. Dans le même sens Guillouard, *Sociétés,* nᵒˢ 21 et suiv.

Les auteurs qui, contrairement à ce que nous pensons, considèrent les sociétés civiles en général, comme de simples réunions de copropriétaires, se posent la question de savoir si les sociétés civiles à formes commerciales jouissent de l'existence juridique. MM. Lyon-Caen et Renault (1), Aubry et Rau (2), Pont (3), Demolombe (4) se prononcent pour l'affirmative. La Cour de cassation avait aussi adopté la même solution avant le fameux arrêt du 3 février 1891 dans lequel elle reconnait la personnalité de toutes les sociétés indistinctement (5). Pour nous, cette question ne se pose seulement pas, et les sociétés civiles à formes commerciales sont des personnes juridiques comme toutes les autres sociétés civiles.

1. *Droit commercial*, 1, n° 291.
2. *Cours de Droit civil français*, 1, § 54.
3. *Du contrat de société*, n° 124.
4. *Traité de Droit civil*, XIX, n° 415.
5. Cass., 3 fév, 1868, D, 68. 1. 225.

CHAPITRE III.

SITUATION DES ASSOCIATIONS AU POINT DE VUE DE LA PERSONNALITÉ CIVILE.

Des associations dont nous avons eu à nous occuper dans le chapitre II de notre Ire partie, certaines sont évidemment dépourvues de la personnalité civile : ce sont les associations illicites. La loi déclare le contrat inexistant, elle punit les associés ; elle ne pouvait, sans se mettre en contradiction avec elle-même, donner la personnalité à ces associations ne reposant sur aucun contrat.

La question de savoir quelles sont les associations personnes morales ne peut donc se poser que pour les associations autorisées par arrêté préfectoral, pour celles comprenant moins de vingt membres et pour celles que la loi a dispensées d'autorisation.

Le principe général est que les associations reconnues établissements d'utilité publique possèdent seules la personnalité juridique. Le Code fait une application de ce principe dans les art. 910 et 937. Ces deux arti-

cles imposent certaines conditions aux associations reconnues d'utilité publique qui veulent toucher des
dons et legs à elles adressés. Quand ces conditions
sont remplies, les établissements d'utilité publique
sont capables de recevoir à titre gratuit ; la loi, leur reconnaissant ce droit, les considère évidemment comme
des personnes juridiques.

Il s'agit donc de rechercher quels sont ces établissements d'utilité publique. L'art. 5, § 4 du décret du 21
août 1872 réglementant le fonctionnement intérieur
du conseil d'Etat, décide qu'il appartient à l'assemblée
générale de ce tribunal administratif de créer et d'autoriser les établissements publics et *d'utilité publique*.
Nous n'avons à nous occuper que de ceux-ci, les premiers n'étant pas des associations, mais des rouages de
l'organisation administrative ; les fabriques, consis-
toires, hospices, bureaux de bienfaisance, groupes de
Facultés, etc., sont des établissements publics : leur
existence n'est pas liée à celle d'une association quelconque et, par suite, ils sortent du cadre que nous nous
sommes tracé.

Les établissements d'utilité publique, au contraire,
sont des associations « dont l'existence présente un
caractère d'utilité générale et publique qui a été reconnu dans les conditions déterminées par la loi » (1).

1. Ducrocq, *Droit administratif*, II- p. 473.

T.   7

L'art. 5 du décret du 21 août 1872 qualifie cette reconnaissance d'autorisation. Il est bien certain que l'autorisation dont il est question dans ce décret n'a rien de commun avec celle dont parlent les art. 291 et suiv. du Code pénal. Celle-ci est délivrée par le préfet ; celle-là, par le président de la République, le conseil d'Etat entendu. La première a pour effet de soustraire les associés aux peines qui frappent les membres d'une association illicite ; la seconde fait obtenir à l'association le bénéfice de la personnalité civile. Cette distinction entre les deux sortes d'autorisation est établie d'une manière non douteuse quoique implicite par la loi du 12 juillet 1875. L'art. 10 de cette loi décide, en effet, que les associations formées pour créer ou entretenir des cours ou établissements d'enseignement supérieur ne sont pas soumises aux dispositions de l'art. 291 du Code pénal; par suite, ces associations n'ont pas besoin de demander l'autorisation préfectorale. Or, l'art. 11 permet, immédiatement après, à ces mêmes associations de se faire déclarer d'utilité publique *sur leur demande*. Le rapprochement de ces deux textes prouve bien que, dans l'esprit du législateur, il y a deux formalités absolument distinctes pour assurer aux associations la tolérance, au point de vue pénal, et la personnalité morale au point de vue civil.

Quelle est l'autorité chargée de reconnaître à une association le caractère d'utilité publique et de lui conférer par conséquent, la personnalité civile? Le décret du 21 août 1872 répond formellement à cette question dans son art. 5, § 4, en attribuant au président de le République le droit de constater l'utilité générale par un décret rendu dans la forme des règlements d'administration publique.

Malgré ce texte, la jurisprudence, touchée par des considérations d'ordre pratique, s'est prononcée à plusieurs reprises pour un système plus facile d'après lequel la personnalité serait conférée d'une manière beaucoup plus large. D'après la Cour suprême, il suffit de l'approbation et du concours de l'autorité publique pour que l'association devienne une personne juridique. C'est la théorie qu'a appliquée la Cour de cassation dans un arrêt célèbre du 25 mai 1887 (1). Il s'agissait d'une société d'encouragement pour l'amélioration de la race chevaline ; devait-on assigner chacun des membres de la société ou seulement son représentant? La solution de cette question dépendait uniquement du point de savoir si l'association était douée de la personnalité ou non. La Cour de cassation, appelée à se prononcer sur ce point, a décidé que l'utilité publique avait été reconnue par le préfet et que cela était suffisant. Déjà la Cour suprême s'était prononcée dans

1. Cass., 25 mai 1887, S., 88, 1, 161.

le même sens dans deux arrêts en date du 30 août 1859 (1), et du 6 juillet 1864 (2).

Sous l'arrêt de 1887, M. Lyon-Caen publie une note dans Sirey, où il n'a pas de peine à réfuter la théorie de la Cour de cassation. La jurisprudence, en effet, reste dans le vague et, en ne déterminant par les cas dans lesquels l'approbation de l'autorité publique est suffisante, elle laisse le champ ouvert à l'arbitraire. D'un autre côté, considérer comme une approbation suffisante celle qui est donnée par une autorité quelconque, c'est arriver à reconnaître au préfet le droit de conférer la personnalité morale et c'est établir une confusion entre l'autorisation de l'art. 291 du Code pénal et celle du décret de 1872, que nous avons essayé de distinguer l'une de l'autre.

A ces principes généraux, diverses lois ont apporté des exceptions : pour certaines catégories d'associations, il n'est pas besoin qu'elles soient autorisées ; de plein droit, elles jouissent de la personnalité civile.

La loi du 21 mars 1884, en même temps qu'elle préserve les syndicats professionnels des conséquences de l'art. 291 du Code pénal, les dispense également de

1. Cass., 30 août 1859, S., 60, 1, 359.
2. Cass., 6 juillet 1864, S., 64, 1, 327.

l'autorisation gouvernementale nécessaire pour obtenir la personnalité civile. L'art. 6 de la loi nouvelle donne en effet aux syndicats des droits qui ne peuvent appartenir qu'à des personnes.

Certaines sociétés de secours mutuels jouissent du même privilège avec la seule appropriation du préfet et sans être obligées d'obtenir l'autorisation du chef de l'État : ce sont celles dont s'occupe le décret du 26 mars 1852. A côté de ces sociétés de secours mutuels qu'on appelle approuvées, il y en a d'autres qui ne possèdent la personnalité que si les conditions de droit commun sont remplies : il est vrai que cette personnalité est plus étendue que celle des sociétés approuvées. C'est la loi du 15 juillet 1850 qui s'occupe de cette seconde classe de sociétés de bienfaisance.

Il y a enfin les sociétés de secours mutuels libres qui sont licites depuis le décret du 28 juillet 1848 sans avoir à solliciter l'autorisation préfectorale. Elles ne demandent rien au Gouvernement, mais aussi, elles ne reçoivent aucun avantage ; elles vivent selon le droit commun ; par suite, elles ne sont pas des personnes et on leur applique les règles que nous avons déterminées dans la IIe Partie à propos des associations simples réunions de copropriétaires.

Les associations syndicales soit formées librement par les propriétaires, soit constituées d'office par arrêté préfectoral entre les propriétaires intéressés, pour l'exécution de certains travaux tels que le dessèchement des marais, possèdent, de plein droit, l'existence juridique, en vertu de la loi du 21 juin 1865. En effet, ces associations rendent service non seulement à leurs membres mais indirectement au pays tout entier et il eût été mauvais d'exiger une reconnaissance particulière d'utilité publique pour chacune de ces associations.

Nous pourrions ainsi multiplier les exemples d'associations dispensées de l'autorisation du chef de l'État, en ce qui concerne l'obtention de la personnalité civile et citer successivement les caisses d'épargne, les sociétés de charité maternelle, etc.

A l'inverse des associations dont nous venons de nous occuper et qui sont personnifiées sans avoir à remplir les formalités de droit commun, certaines autres pour acquérir la personnalité juridique, ne peuvent pas se contenter de l'autorisation du président de la république : il leur faut une autorisation qui émane du Parlement. C'est aux congrégations religieuses que nous faisons allusion.

Ainsi que nous l'avons vu dans notre Ire partie, les congrégations religieuses avaient été abolies pendant la période révolutionnaire. Non seulement elles étaient dépourvues de toute personnalité, mais encore, elles étaient illicites et leurs membres étaient punissables. Cette législation subsista jusqu'à la promulgation du code pénal en ce qui concerne le caractère délictuel de ces associations.

En ce qui regarde la personnalité, une loi du 2 janvier 1817 leur permet de l'acquérir mais à la condition d'être autorisées par une loi. En effet, l'art. 1 de la loi du 2 janvier 1817 permet aux congrégations religieuses d'accepter, avec l'autorisation du roi, les dispositions à titre gratuit à elles adressées, *si elles ont été reconnues par une loi.*

Le principe de la loi de 1817 est toujours resté en vigueur ; certains actes législatifs sont seulement venus apporter quelques dérogations à ce principe. La loi du 24 mai 1825 a donné au roi la faculté d'autoriser les congrégations religieuses de femmes qui s'étaient établies de fait avant le 1er janvier 1825. Enfin, la loi du 15 mars 1850, sur l'enseignement, revient au droit commun en ce qui concerne les congrégations religieuses vouées à l'instruction publique. Elle admet implicitement dans son art. 31, 1er al., que ces associations peuvent être autorisées par la loi comme sous l'empire de la législation de 1817 ou *reconnues d'utilité publique.*

Le législateur, en accordant l'existence juridique aux associations dont nous venons de nous occuper, a cru devoir en restreindre les effets dans une sage mesure. Nous avons essayé de démontrer, dans notre deuxième Partie, que la capacité des personnes civiles est la même en principe que celle des personnes physiques ; mais nous avons reconnu aussi qu'il est loisible au législateur de démembrer en quelque sorte la capacité dont jouissent les personnes morales et de refuser à certains êtres fictifs les droits qui pourraient les rendre dangereux pour l'ordre social.

La loi n'a pas usé de cette faculté à l'égard des sociétés et, pour nous qui avons admis la personnalité de toutes les sociétés, celles-ci ne jouissent pas de tous les droits qui ne sont pas incompatibles avec leur nature d'être fictifs. Au contraire, le législateur, toujours défiant à l'égard des associations proprement dites, leur refuse certains droits à la faveur desquels elles deviendraient trop puissantes et pourraient résister à l'autorité centrale.

Dans l'ancien droit, s'étaient formés des corps puissants par leur richesses qui, grâce à leur existence perpétuelle ou quasi-perpétuelle, accaparaient à peu près toutes les terres du royaume. C'étaient surtout les acquisitions à titre gratuit qui augmentaient le patrimoine de ces personnes morales et, en particulier des congrégations religieuses. Aussi, c'est surtout à la faculté pour les établissements d'utilité publique de recevoir par donations entre vifs ou par testaments que la loi apporte des entraves.

L'art. 910 du Code civil est ainsi conçu : « Les dispositions entre-vifs ou par testament au profit des hospices, des pauvres d'une commune, ou d'*établissements d'utilité publique*, n'auront leur effet qu'autant qu'elles seront autorisées par une ordonnance royale. » De la sorte, le pouvoir central peut surveiller les progrès d'une personne morale et l'arrêter dans son développement au moment où elle viendrait à lui porter ombrage.

A côté de cette règle applicable à tous les établissements d'utilité publique, c'est-à-dire à toutes les associations proprement dites douées de la personnalité civile, diverses lois sont venues apporter de nouvelles restrictions, spéciales à certains des établissements dont nous nous sommes occupé.

Syndicats professionnels. — L'art. 6 de la loi du 21 mars 1884, tout en reconnaissant aux syndicats professionnels le droit d'être propriétaires, limite singulièrement ce droit. Le second alinéa de l'art. 6 est ainsi conçu : « Toutefois, ils (les syndicats) ne pourront acquérir d'autres immeubles que ceux qui seront nécessaires à leurs réunions, à leurs bibliothèques et à des cours d'instruction professionnelle ».

Dans le cas de violation de cette disposition, le procureur de la République ou les intéressés ont le droit de demander l'annulation de la donation, du legs, ou de la vente opérés contrairement à l'art. 6 de la loi de 1884. S'il s'agit d'une disposition à titre gratuit, l'immeuble revient au donateur ou aux héritiers du testateur ; s'il s'agit, au contraire, d'un acte à titre onéreux, l'immeuble est vendu et l'argent versé dans la caisse du syndicat.

On peut se poser la question de savoir si la nullité dont parle la loi est couverte par la revente de l'immeuble irrégulièrement acquis par le syndicat. Le vendeur ou le donateur de cet immeuble a-t-il le droit de dire au second acheteur : « la vente, la donation que j'ai consentie au syndicat était nulle ; par suite, jamais le syndicat n'a été propriétaire et vous tenez vos droits d'une personne qui ne pouvait vous transférer la propriété de l'immeuble que je revendique : *nemo plus juris ad alium transferre potest quam ipse habet*. Malgré la logique serrée de ce raisonnement, nous ne croyons pas qu'on puisse l'admettre : la loi de 1884 n'a pas eu pour but de protéger le donateur ou le vendeur ; elle a voulu seulement empêcher le syndicat de s'enrichir outre mesure et de posséder un trop grand nombre d'immeubles. Quand l'immeuble est remis dans la circulation, la loi est contente.

Ce qui prouve bien que telle est la pensée du législateur, c'est que, s'il s'agit d'une vente et que la nullité en soit prononcée, le vendeur ne profite pas de l'annulation, il ne recouvre pas son immeuble : celui-ci est remis en vente et le prix rentre dans la caisse du syndicat.

Pourquoi admettre une règle différente si la revente a déjà précédé la demande en nullité : la loi est déjà satisfaite ; à quoi bon apporter le trouble dans la société par une série de recours en garantie qu'exerceraient successivement les divers acheteurs contre leurs vendeurs respectifs ?

Pour le cas de donation, on ne voit aucun motif de se prononcer en sens contraire et de décider que, même après la vente par le syndicat de l'immeuble donné, l'action en nullité de la donation est recevable. Sans doute, la loi décide que, si l'action en nullité est exercée pendant que l'immeuble est encore dans les mains du syndicat donataire, le bien donné fait retour au donateur. Il eût peut-être été plus conforme à la décision prise par la loi de 1884 pour le cas de vente, d'ordonner la vente de l'immeuble donné et le versement des deniers à la de caisse l'association. Le législateur a fait passer la logique après des considérations d'équité, mais cela ne change en rien l'esprit général de la loi sur lequel nous nous appuyons pour soutenir notre thèse de l'irrecevabilité de l'action en nullité de la donation après la vente de l'immeuble donné.

Sociétés de secours mutuels. — Nous avons vu que la loi permet trois espèces de sociétés de secours mutuels et accorde la personnalité à deux seulement : La loi du 15 juillet 1850 est aussi large que possible ; aux sociétés qui se sont fait reconnaître d'utilité publique moyennant certaines conditions qu'elle indique, elle confère tous les droits que possèdent les établissements d'utilité publique : elle leur permet même de recevoir des dons et legs au-dessous de mille francs avec la seule autorisation du préfet.

Le décret du 26 mars 1852 s'occupe des sociétés de secours mutuels dites approuvées ; celles-ci, sans avoir besoin d'une reconnaissance d'utilité publique, sont créées par les soins du maire et du curé et doivent recevoir l'approbation préfectorale. Elles ont le droit d'être propriétaires d'objets mobiliers et locataires d'immeubles. Elles peuvent aussi, avec l'autorisation du préfet, recevoir des dons et legs mobiliers au-dessous de cinq mille francs (art. 8, al. 2). Il faut décider, par argument *a contrario*, qu'elles ne peuvent pas recevoir des libéralités au-dessus de cette somme. En effet, en écrivant la disposition de l'art. 8, 2e al., la loi ne peut pas avoir eu pour but, comme dans le cas des sociétés de secours mutuels reconnues d'utilité publique, de dispenser les sociétés simplement approuvées de l'autorisation du chef de l'Etat pour l'acceptation de legs

de valeur minime : Si telle était la pensée du décret
de 1852, les sociétés approuvées seraient mieux traitées
que les sociétés reconnues d'utilité publique (1), ce
qui est manifestement contraire à l'esprit général du
décret.

Congrégations religieuses. — Les lois de la Res-
tauration qui ont rendu la personnalité aux congrégations ont été motivées par deux idées contradictoires :
d'abord, la crainte de voir se développer d'une façon
exagérée les associations religieuses et de les voir devenir envahissantes, comme sous l'ancien régime ; ensuite et au contraire, le désir de protéger ces corps
auxiliaires de la religion.

L'art. 910 du Code civil s'applique toujours ; mais
il y a, en plus, des cas où l'autorisation du président
de la République serait insuffisante à rendre un legs
efficace.

Ces cas sont indiqués dans les art. 4 et 5 de la loi
du 24 mai 1825. Ils sont ainsi conçus : « Art. 4. Les

---

1. Les sociétés de secours mutuels reconnues ne peuvent
accepter avec la seule autorisation du préfet que les legs au-
dessous de mille francs, tandis que cette autorisation suffit
aux sociétés approuvées pour accepter les legs inférieurs à 5000
francs.

établissements dûment autorisés pourront, avec l'autorisation spéciale du roi : 1° accepter les biens meubles et immeubles qui leur auraient été donnés par acte entre vifs ou par acte de dernière volonté, *à titre particulier seulement*........ Art. 5. Nulle personne faisant partie d'un établissement autorisé ne pourra disposer par acte entre vifs ou par testament, *soit en faveur de cet établissement*, soit au profit de l'un de ses membres, au-delà du quart de ses biens, à moins que le don ou legs n'excède pas la somme de dix mille francs. »

La loi du 24 mai 1825 est spéciale aux congrégations et communautés religieuses de femmes et, comme elle est exceptionnelle, on ne peut étendre ses dispositions aux congrégations d'hommes.

Elle édicte, dans cette mesure, deux prohibitions : 1° L'établissement religieux de femmes ne peut recevoir à titre gratuit, plus du quart de la fortune de ses membres, si le don ou legs est supérieur à dix mille francs. 2° Il ne peut recevoir de qui que ce soit des legs universels ou à titre universel.

La première prohibition est renforcée par une présomption d'interposition de personnes : la donation ou le legs que l'on ne peut pas faire directement à la congrégation religieuse, il ne faut qu'on puisse les faire à un membre de la communauté qui ne serait qu'un prête-nom, qu'un compère mis en scène pour violer la loi. Cette présomption *juris et de jure* tombe d'elle-même lorsque le religieux, testateur, est uni au légataire par des liens de parenté en ligne directe. Le but de la prohibition légale est facile à comprendre : le législateur a voulu arrêter les progrès des congrégations religieuses que l'ancienne monarchie avait été impuissante à enrayer.

La seconde prohibition, au contraire, est inspirée, croyons-nous, par une tout autre idée : ce n'est pas pour empêcher les congrégations de s'enrichir qu'on leur interdit de recevoir des legs universels ou à titre universel. Souvent, en effet, les legs particuliers sont plus avantageux que les legs universels. Au moyen des premiers, on peut distribuer la fortune la plus immense, tandis que les seconds peuvent ne procurer que des avantages insignifiants. Bien plus, les legs universels peuvent conduire à la ruine des légataires dans le cas où ceux-ci, ne se trouvant pas en concours avec les héritiers légitimes, sont saisis et par suite tenus **des** dettes et legs particuliers *ultra vires successionis* (arg. art. 1006, 724 et 783, C. c.). Il est probable que le législateur de 1825, n'a pas voulu qu'une congrégation se trouvât à la tête du patrimoine du *de cujus* ; il n'a pas voulu que les créanciers eussent à s'adresser à l'association religieuse, que celle-ci parût publiquement devant les tribunaux et vînt discuter des intérêts matériels au lieu de s'occuper des intérêts spirituels à la poursuite desquels elle aurait dû se borner.

En ce qui concerne les acquisitions et surtout les aliénations d'immeubles ou de rentes, à titre onéreux, on n'a pas à craindre la richesse croissante des congrégations religieuses. Cependant, la loi du 2 janvier 1817 exige l'autorisation royale pour que les congrégations puissent procéder à l'un de ces actes. Les art. 2 et 3 de la loi 1817 sont, en effet, ainsi conçus : « Art. 2. — Tout établissement ecclésiastique reconnu par la loi pourra également, avec l'autorisation du roi, acquérir des biens immeubles ou des rentes. — Art. 3. — Les immeubles ou rentes appartenant à un établissement ecclésiastique seront possédés à perpétuité par ledit établissement et seront inaliénables à moins que l'aliénation n'en soit autorisée par le roi.» Ici, le législateur a eu pour but de protéger les congrégations contre la mauvaise gestion de leurs administrateurs. Cette préoccupation est attestée par l'art. 4 de l'ordonnance du 2 avril 1817. Il est ainsi conçu : « Les ordonnances et arrêtés d'autorisation détermineront, *pour le plus grand bien des établissements...... »*

Nous avons ainsi résolu la question de savoir quelles sont les associations *lato sensu* douées de la personnalité ; nous nous sommes prononcé pour la personnalité de toutes les sociétés et des associations d'utilité publique. En ce qui concerne les sociétés, nous avons rappelé que les effets que l'existence juridique à elles accordée par la loi, ne subissent aucune restriction. Ces effets sont indiqués dans la deuxième partie de de notre étude et nous nous sommes borné à rappeler ici le principe de la capacité générale des personnes civiles. Au contraire, en ce qui concerne les associations proprement dites, nous avons trouvé de nombreuses dérogations à ce principe de la capacité générale et après avoir indiqué les corps auxquels la loi confère la personnalité, nous avons dû rechercher la portée de la faveur dont chacun d'eux bénéficie.

QUATRIÈME PARTIE

Extinction de la Personnalité civile

CHAPITRE I.

COMMENT UNE ASSOCIATION PERD LA PERSONNALITÉ.

Il ne faut pas songer à répondre à la question que nous nous posons, d'une manière uniforme, pour toutes les personnes morales.

Les jurisconsultes romains, après avoir indiqué de quelle façon les divers rapports juridiques prenaient naissance, plaçaient en regard, pour faire disparaître ces rapports juridiques, des modes d'extinction analogues et correspondants aux modes employés pour leur création. C'est ainsi qu'ils disaient : *Omnia quæ jure contrahuntur, contrario jure pereunt* (1) et aussi : *nihil tam naturale est quam eo genere quidquid dissolvere quo colligatum est* (2). Sous le titre de loi de la correspondance de la forme, Ihéring étudie, d'une façon très approfondie, la correspondance entre les formes d'établissement et d'extinction des actes juridiques (3).

Mais le phénomène étudié par le savant auteur de l'*Esprit du Droit romain* n'est pas spécial au droit romain ; on en trouve de fréquentes applications dans notre Code civil aussi bien que dans le Digeste ; et, en ce qui concerne la perte de la personnalité civile, il y a lieu de reprendre les distinctions que nous avions faites quand nous recherchions comment s'établit la personnalité : nous trouverons ainsi qu'à chaque mode de création de la personnalité correspond un mode analogue destiné à faire disparaître l'existence juridique des associations.

Les sociétés civiles et les sociétés commerciales sont des personnes par le seul fait qu'elles existent, de plein droit, en vertu de la loi et sans aucune formalité ; de même, aucune formalité, aucune décision du gouvernement ne peut leur enlever leur personnalité qu'elles perdent seulement en disparaissant elles-mêmes. Tant

1. 100 D. *De reg. juris*, L. XVII.
2. 35. D. *De reg. juris*, L. XVII.
3. *Esprit du Droit romain*, III, p. 317 et suiv.

qu'elles existent comme sociétés civiles ou sociétés de commerce, elles jouissent de l'existence juridique ; rien ne peut la leur enlever parce que rien n'était nécessaire pour la leur faire acquérir. C'est au titre du contrat de la société que le Code indique les causes d'extinction des sociétés et, par suite, les seules causes qui détruisent leur personnalité.

Au contraire, en ce qui concerne les associations, en général, il faut, pour qu'elles possèdent l'existence juridique, que le Président de la République les ait reconnues d'utilité publique par un décret rendu, le conseil d'État entendu. Il suffira, pour leur enlever cette existence, d'un décret rendu dans la même forme.

Lorsqu'une loi est nécessaire pour conférer la personnalité à une catégorie d'associations, une loi est aussi nécessaire pour les faire rentrer dans le néant. Telle est la règle applicable aux congrégations religieuses.

Au contraire, les associations revêtues de plein droit de la personnalité, telles que les syndicats professionnels, la conservent tant que le contrat d'association subsiste entre les associés.

Enfin, les associations auxquelles la loi confère la personnalité à la suite d'une simple autorisation du préfet, perdent leur privilège par un simple arrêté préfectoral.

Fidèle à notre méthode, nous devons nous occuper des associations dépourvues de personnalité et, après avoir recherché comment l'existence juridique s'éteint, nous devons étudier parallèlement comment cesse l'indivision dans les associations non reconnues.

On soutient en général que dans une association dépourvue d'existence, il n'y a qu'un état de fait qui peut être brisé à tout moment par la volonté de l'un quelconque des associés qui vient revendiquer ses apports. C'est la thèse qui a été soutenue dans l'affaire de Picpus. L'un des membres de la congrégation réclamait une somme très importante versée par lui à la communauté. Selon nous, sa prétention n'était pas fondée, l'associé était lié par un contrat parfaitement licite avec ses coassociés. Comme nous l'indiquions dans notre deuxième partie, il n'avait pas voulu transférer la propriété de son apport à l'association sans existence, mais aux associés ; par le seul fait du contrat, chacun des membres de la communauté était devenu copropriétaire des biens apportés et le donateur n'avait plus lui-même sur ces biens qu'un droit de copropriété en vertu de sa qualité d'associé.

L'opinion que nous adoptons ici et qui résulte du caractère licite du contrat d'association est défendue avec une grande énergie par M. le comte de Vareilles-Sommières (1).

1. *Du contrat d'association*, p. 72.

Mais M. le Doyen de la faculté libre de Lille va plus loin ; il croit, non seulement que les associés ne peuvent pas réclamer leurs apports, mais encore qu'ils ne peuvent pas demander le partage anticipé des biens indivis. Cette solution se heurte, selon nous, à la règle de l'art. 815 du Code civil : « Nul ne peut être contraint de rester dans l'indivision ; et le partage peut toujours être provoqué nonobstant prohibitions et conventions contraires. » Il est vrai que cet article est placé dans le titre des successions ; mais il est rédigé d'une façon tellement large qu'il paraît difficile de le limiter à l'indivision qui naît à la suite du décès d'un père de famille. Néanmoins, la majorité des auteurs et la jurisprudence, préoccupés de questions d'ordre pratique, refusent d'appliquer l'art. 815 dans les cas où l'indivision résulte d'un fait volontaire. Il serait désastreux qu'un membre d'un cercle pût, à un moment donné quelconque, demander la vente du mobilier commun ; il serait déplorable, par exemple, qu'un membre d'une société nautique pût demander à tout instant le partage des embarcations.

C'est par ces considérations que la Cour suprême s'est laissé toucher quand elle a rendu son arrêt récent cité dans la *Gazette des tribunaux* du 27 juin 1890. « Attendu, dit la Cour de cassation, que l'on ne saurait voir dans un cercle une simple communauté emportant l'indivision, d'où résulterait pour chaque membre le droit permanent de provoquer la dissolution suivie d'un partage entre eux, que s'il en était autrement, il n'y aurait plus de cercle assuré de son existence du lendemain. »

M. le comte de Vareilles-Sommières écrit comme commentaire à la suite de cet arrêt : « Voilà qui est bien pensé, bien dit et bien jugé. » Malgré la haute appréciation du Doyen de la faculté de Lille, nous trouvons que, pour écarter l'application de l'art. 815, la Cour de cassation emploie un procédé bien peu juridique ; nous voyons une véritable pétition de principes dans le fait, quand on recherche si une association non reconnue est assurée du lendemain, de dire pour tout argument : « Attendu que s'il en était autrement, il n'y aurait plus d'association non reconnue assurée de son existence du lendemain. »

M. Laurent essaie de justifier d'une façon plus sérieuse la théorie de l'inapplicabilité de l'art. 815 aux cas où l'indivision est la suite d'une convention intervenue entre les copropriétaires. Il cherche un argument dans ce fait que, dans le cas des cercles, il existe un but commun à atteindre dont les parties ont attesté l'existence en établissant elles-mêmes l'indivision. L'art. 815, dit-il, a été écrit pour faire cesser l'indivision lorsqu'elle résulte de la force même des choses et lorsque la volonté des copropriétaires n'a joué aucun rôle dans son établissement (1).

M. Laurent n'oublie qu'une chose, le second alinéa de l'art. 815. On ne peut pas convenir que l'on restera plus de cinq ans dans l'indivision. Et cependant, ici il y a un but commun attesté par la convention des parties ; la volonté des cohéritiers est bien claire et quelle différence y a-t-il entre le cas des cercles et celui de l'art. 815. 2e al. ? Pourquoi dans un cas permettre à l'un des copropriétaires d'intenter l'action en partage, pourquoi dans l'autre, lui refuser ce droit ? Plusieurs héritiers conviennent de laisser pendant 10 ans, dans l'indivision une forêt qui leur vient de leur auteur et dans laquelle ils peuvent satisfaire leur goût pour la chasse. Au bout de cinq ans et un jour, l'un des héritiers pourra demander le partage de la forêt. Pourquoi en serait-il autrement si cette association cynégétique s'était formée entre étrangers ?

En réalité, le législateur s'est inspiré de la vieille maxime de Loysel « qui a compagnon a maître. » Il a considéré que les lieux indivis ne sont pas soumis à la direction d'un seul, partant qu'ils dépérissent et qu'il faut interdire aux particuliers, dans leur intérêt et dans celui de l'Etat, de laisser ou de mettre leur fortune en commun.

1. *Principes de Droit civil français*, X, p. 265.

CHAPITRE II

EFFETS DE L'EXTINCTION DE LA PERSONNALITÉ.

La personne morale disparue, il ne peut pas être question de succession, car elle n'a pas et ne peut pas avoir d'héritier. Les biens qui lui avaient appartenu se trouvent sans maître et ils reviennent à l'Etat en vertu de l'article 713 du Code civil. Les associés sont des étrangers par rapport à la société, ils n'ont aucun droit sur ses biens et ils ne peuvent pas prétendre au partage de l'actif social. En faisant leur apport, ils ont perdu la propriété des biens qu'ils mettaient dans la société et ils n'ont plus aucun droit sur eux.

Cette solution admise par la doctrine et la jurisprudence a été cependant attaquée avec violence par certains auteurs et, en particulier, par M. Van den Heuvel. Les conséquences de notre théorie, dit ce jurisconsulte, sont monstrueuses ; l'Etat va se trouver juge et partie. Dans un grand nombre de cas, le Gouvernement a le droit de retirer la personnalité aux associations, ne va-t-il pas être tenté d'abuser de son droit, dans l'espoir de recueillir les dépouilles de ses victimes ? Il y a là, selon M. Van den Heuvel, une iniquité flagrante et il ne se peut pas qu'une théorie aussi injuste découle des vrais principes.

Notre raisonnement, d'après M. Van den Heuvel, pèche par la base. Il ne faut pas, dit-il, se payer de mots et s'exagérer la portée de l'expression « personnes morales. » Et alors il reprend la thèse de M. Laurent que nous avons éssayé de réfuter dans notre deuxième partie. La personnalité n'existe pas, c'est un mot inventé par les jurisconsultes pour expliquer certaines faveurs accordées par la loi à certaines associations. En réalité, le propriétaire des biens sociaux n'est pas la société mais les associés. « Et, en effet, est-ce que les citoyens, par exemple, ne sont pas les réels propriétaires du patrimoine qui appartient à l'Etat ? Les habitants de la commune ne sont-ils pas, au fond, propriétaires des biens communaux ? (1). »

On a peine à comprendre comment M. Van den Heuvel ose soutenir que, dans notre loi, la personne morale n'est pas propriétaire de son patrimoine. Mais alors, comment expliquer tous les articles que nous avons cités dans notre Deuxième Partie à propos de la personnalité civile ? Comment admettre que toute la théorie de Pothier et de l'ancien droit ait été abandonnée sans la moindre discussion ?

1. P. 53. *op. cit.*

M. Van den Heuvel ne se pose pas ces questions. Pour prouver sa thèse, il invoque non des arguments juridiques mais le bon sens, et il s'écrie : « On aura beau prétendre que le domaine de l'Etat et le domaine communal appartiennent tous deux à des personnes juridiques, le bon sens finira toujours par revendiquer la propriété en faveur des membres de l'association. » Le jurisconsulte belge ne veut pas discuter. « Laissez controverser, dit-il, ces singuliers théoriciens qui refusent aux associés un droit de propriété ; allez brusquement mettre la main sur l'épaule d'un actionnaire... »

Sur ce terrain qu'il choisit, M. Van den Heuvel sera battu comme sur le terrain juridique qu'il fuit. Le bon sens ? Mais l'esprit humain est logique ; le bon sens est choqué quand, dans la loi, se trouvent des dispositions inexplicables et nous avons vu que si la personne morale n'était pas propriétaire, si les associés avaient un droit réel sur le patrimoine social, vingt dispositions de notre Code seraient des bizarreries dont le bon sens ne pourrait s'accommoder.

Quant à la question à poser à l'actionnaire, nous doutons sérieusement que celui-ci, si on lui mettait la main sur l'épaule, répondît comme le souhaite M. Van den Heuvel. Ce qui est conforme à notre raison, c'est la notion de personnalité. Quand on voit les intérêts des associés en conflit avec ceux de la société, on ne peut s'empêcher de concevoir celle-ci comme séparée nettement de ceux-là et au moment où l'actionnaire d'une compagnie de chemins de fer paie son billet il se rend bien compte qu'il n'est pas propriétaire même pour partie du matériel de la compagnie.

Le principe est donc celui que nous avons posé: l'unique propriétaire est la personne fictive; celle-ci disparue, ses biens ne passent pas aux associés qui sont des étrangers et l'Etat les acquiert.

A cette règle, diverses lois ont apporté des exceptions nombreuses. Mais ce sont là des questions de détail qui ne présentent aucun intérêt théorique.

Du principe que nous avons posé, il ne faut pas conclure que les associés ne sont pas libres de décider, dans les statuts de l'association, qu'à la dissolution, ses biens retourneront aux associés. Il n'y a dans notre règle, aucun principe d'ordre public en jeu et la société a le droit de disposer de ses biens. Que l'on n'objecte pas l'art. 791 et l'art. 1130 du Code civil : il n'y a pas de pacte sur succession future car les biens de la société ne passent pas aux associés en vertu d'un droit de succession. Il y a une convention innommée et parfaitement valable entre l'association représentée par les associés, d'une part et les associés considérés individuellement, d'autre part.

En ce qui concerne les sociétés, les statuts n'ont pas besoin de décider expressément que les biens seront partagés entre les associés, à la dissolution. Les asso-

·ciés sont des spéculateurs et leur intention de bénéficier des gains de la société n'a pas besoin d'être mentionnée expressément dans l'acte constitutif de la société.

C'est pourquoi l'on peut dire qu'à la dissolution des personnes morales privées (celles qui sont fondées dans un but d'utilité privée, c'est-à-dire les sociétés), les associés se partagent l'actif social. Au contraire, les associés n'ont aucun droit sur les biens des personnes morales publiques (établissements publics et d'utilité publique) même à leur dissolution.

En ce qui concerne les effets de la cessation de l'indivision, dans le cas où l'association est dépourvue de personnalité, ce sont tous les effets du partage dont le plus important est sans contredit celui qu'indique l'art. 883 du Code civil. En réalité, le partage est un échange: chacun des co-propriétaires abandonne à l'un d'eux le droit de co-propriété sur les autres parties du fonds partagé. C'est ainsi que les jurisconsultes romains considéraient le partage. Ils disaient qu'il y avait transfert de propriété.

· En droit français, au contraire, le partage est déclaratif de propriété; celui dans le lot duquel tombe une partie du fonds partagé est censé en avoir été propriétaire depuis le jour où a commencé l'indivision ; ses coassociés sont censés n'avoir jamais eu aucun droit sur lui et, par suite, les aliénations qu'ils peuvent en avoir consenti pendant l'indivision sont nulles. Cette règle du partage déclaratif de propriété nous vient de l'ancien droit où les légistes l'avaient fait admettre dans le but de diminuer les ressources des seigneurs qui, ainsi, ne pouvaient pas percevoir de droit de mutation à la suite du partage purement déclaratif et non translatif de propriété.

Il importe de remarquer que si un associé, dans une association non reconnue, a toujours le droit de provoquer le partage, la cessation de l'indivision n'entraîne pas la dissolution de la société. Les obligations des associés étaient valables, le contrat était licite et les membres de l'association doivent continuer à remplir les conditions du contrat.

Vu :
Le Président de la thèse,
Léo SAIGNAT.

Vu :
Le Doyen,
BAUDRY-LACANTINERIE

Vu et permis d'imprimer :
Bordeaux, le 7 mai 1895.
Le Recteur,
A. COUAT.

BIBLIOGRAPHIE

Aubry et Rau. — Cours de Droit civil français, 4ᶜ édition. Paris, Cosse-Marchal et Cie, 1869.

Laurent. — Principes de Droit civil français, t. I, X. XXVI-XXVIII. Paris, Pedone-Lauriel, 1868.

Troplong. — Des Sociétés. Paris, 1857.

Pont. — Des Sociétés.

Lyon-Caen et Renault. — Précis de Droit commercial.

Ducrocq. — Etudes de Droit administratif.

Locré. — T. XXX-XXI.

Ch. Gide. — Du droit d'association en matière religieuse. Paris, Dounard, 1876.

Pothier. — Titre VII. Des Personnes.

Van den Heuvel. — De la situation légale des associations sans but lucratif.

Toullier. — T. XII.

Beudant. — Revue critique, 1869.

Fenet. — T. XI.

Baudry-Lacantinerie. — Précis de Droit civil, 4ᵒ édit. Paris, Larose et Forcel, 1893.

Guillouard. — Du mandat.

Guillouard. — Des Sociétés.

Frémery. — Etudes de Droit commercial.

Comte de Vareilles-Sommières. — Du contrat d'association.

Piebourg. — De la condition des personnes civiles (Th. Doctorat, Paris, 1875).

Rousse. — Consultation sur les décrets du 29 mars 1880. Paris, Pedone, 1880.

Merlin. — Répertoire, vᵒ Mainmorte.

TABLE DES MATIÈRES

Laval. — Imp. et stér. E. JAMIN, 8, rue Ricordaine.